넌, 누구니?

넌, 누구니?

차례

synopsis

#시작 ……………………………………………… 07

질염 그리고 나

#0 어느새 다가온 녀석 ……………………………… 11
#1 왜 나에게 찾아 온거니 ……………………………… 14
#2 이야기를 들어 보기 시작하다. ……………………… 17
#3 난 무엇을 하고 있었을까? ………………………… 22

질염 너는 누구

#4 누구나 한 번쯤 …………………………………… 27
#5 당신이 만날 수 있는 균 …………………………… 30

#6 같은 균의 다른 모습·· 33
#7 같은 환경 다른 모습·· 38

주변에 있었다.

#8 생활 속에서 발견·· 45

금과 은, 그리고 균

#9 효과라는 또 다른 이야기·· 49
#10 그들이 말하는 이야기·· 53

금테 두른 여자

#11 이야기의 시작·· 61
#12 무엇 일까?·· 64
#13 의심에서 확신으로·· 68
#14 궁금함에 찾아왔던 그들·· 71
#15 삶의 질 향상·· 78

함께하면 좋은 것

#16 내가 쓰고 있고, 내가 하지 말아야 하는 것들············ 83
#17 요약 그리고 궁금함·· 87
#마치며·· 93
#참고 문헌 및 사이트 정보·· 94

어느날 갑자기

synopsis

#시작

내 아이의 성장과정에서

 시작은 본업이었던 세공 일을 하면서, 매일 접하고 있던 귀금속에 대한 내용이었다. 배웠던 것을 잃어버리지 않기 위해 정리하였고, 그렇게 노트는 쌓여 가고 있었다. 그러다가 내가 적어 놓은 노트를 우연히 발견했던 아내가 흥미를 느끼기 시작했고, 자신의 이야기를 더 나누며, 주변에서 듣고 보았던 것을 전달해주었고, 이내 조금씩 내용을 같이 다듬어 가는 보조 역할을 해주었다.

넌, 누구니?

낙서로 필기 되어 있던 노트는 어느새 가득 찬 정보를 다른 이에게 공유해 줄 수 있을 정도로 바뀌어 있었고, 선배에게 배웠던 것과 내가 일을 하며, 발견했던 것을 이제는 다른 누군가에게도 필요할지도 모른다고 생각하게 되었다.

하지만 서툴게 적혀진 글을 보며, 수정하고 추가를 하면서, 조금 더 쉽게 읽어볼 수 있는 글로 만들고 싶어 다듬어 보았다. 역시 누군가 볼수 있는 책으로 만든다는 것은 어려운 일이라는 것을 새삼 알 기회가 되었다.

무심하게 적어 놓았던 낙서였는데, 글로 표현을 하는 것이 이렇게 어려운 일이라는 것을 몰랐다. 이내 "내가 왜 이걸 하고 있지?"라는 생각이 들었다.

하지만 왜 적게 되었는지는 너무나 가까이 있었다. 처음에는 내 아이를 보고, 더는 아프지 말고, 성인이 되어 가는 과정을 보기 위함이었고, 이렇게 남겨지는 글은 여성들이 여성의 감기라고 불리는 균 때문에 불편함을 벗어나고, 일상생활을 편안하게 보낼 수 있도록 하기 위해서이다.

박민수

#시작

너는 나에게 찾아 왔다

넌, 누구니?
___

그 흔한 감기 처럼
___

질염 그리고 나

#0 어느새 다가온 녀석

어느새 나에게 변화가 생겼다는 것을 알 수 있었을까?

 유년 시절부터 가지고 있었던 것인가? 아니면 사회생활을 하며 회사에 다니면서부터 였던가? 기억이 나지는 않지만, **그냥 이렇게** 지내 왔었던 것은 분명하다.

 무엇부터 불편했던 것인지 알 수는 없지만, 신경을 쓰기 시작한 그

넌, 누구니?

때부터 **기억**에서 잊히지 않기 시작하였다. 하지만 가볍게 여겼던 지난날들을 뒤돌아보면서 조금씩 중요한 것이 무엇인지 알게 되었다.

사실을 알게 되고 난 뒤, 정신 차리고 돌아보니 그간 내 몸을 **한 번이라도** 걱정하며, 돌보았을까? 라는 생각을 하게 되었다. 그냥 어디 한 곳 아픈 것이 없는 건강한 내 몸이라 생각하며, 매일 같이 친구들과 만나서 늦게까지 놀거나 야근이 있는 날은 항상 똑같이 업무에 매진하며 보냈던 내 모습이 떠올랐다.

생활하면서 차츰 나도 모르는 사이 조금씩 **피로**가 누적되고, 작은 항아리에 담아 놓았던 **스트레스**와 **불만**들이 내 자신이 알지 못하는 채로 조금씩 항아리 밖으로 나오려고 할 때쯤에 눈치를 챌 수 없을 정도로 반응이 나왔다. 하지만 정말 신경 쓰지 않는다면 알 수 없지만, 알 수 있을 정도로 나타나더라도 그냥 "<u>지나가겠지, 괜찮아지겠지</u>" , "<u>이전에도 그냥 지나갔는걸</u>"이라며, 이내 마음 깊숙이 담아 놓은 것을 쉽사리 꺼내지 않았다.

#0 어느새 다가온 녀석

조금씩 컨디션이 좋았던 나날보다 좋지 않은 날들이 많아졌고, 자연스레 가까운 친구와 지인을 만나러 나가는 횟수도 줄어들고 있었다. 가끔 하는 **야근**에도 일을 마치고 집에 도착하면, 난 이미 정해 놓은 길로 가는 것처럼 바로 침대에 누워 잠을 청하고 있을 때쯤부터였을 것이다. 그동안 담겨 있던 **항아리**로 인해 그들이 이제 나에게 더 깊숙이 찾아와서 밖 **세상으로** 나오기를 기다렸던 것이었다.

모처럼 쉴 수 있어서 늦잠을 자고 일어났을 때 **감기 증세**처럼 기력이 없어서 허우적거리다가, 감기 기운 때문에 그런가 보다 하고 있다가 열이 나서 병원에 가서 진료를 보고 항생제를 맞고 집에 왔다. 그리고 자려고 누워 있는데 뭔가 이상한 느낌이 들었다. "아차! 넌 면역력이 떨어지고 아픈 순간을 놓치지 않는구나!"

서서히 변화되어가는 내 몸을 알아차리기 시작하였을 때는 시작이 아니라 한참 달리는 마라톤 중이라는 것을 알 수 있게 되었다.

interviewee. Gwon

넌, 누구니?

#1 왜 나에게 찾아 온거니

매일 아침 **밤새도록** 나를 괴롭히던 **녀석들에게서** 벗어나기 위해, 눈이 자연스럽게 떠져 일어나게 된다.

결국 감기와 함께 몸이 너무 좋지 않았던 그 날 그때 **감기약**과 함께 들어 있는 항생제를 너무 많이 복용하였던 것일까? 이내 감기가 사라지고 좋아졌다는 몸에는 또 다른 증상으로 나타나기 시작하고, 점점 그곳은 **가려움**에 참지 못하고, 계속 긁게 되고 더욱더 **스트레스**만 늘어나게 되었다.

익숙해져 간다고 생각을 해야 하는지 이내 똑같은 하루를 시작을 하지만 벗어날 수 없는 **불편**함과 **찝찝**함은 계속 가져가고 있다.

자연스럽게 **붉어져** 부어오른 곳은 쉽사리 가라앉지 않고 있지만, **가려움**과 **따가움**은 나를 따라다니며 괴롭히고 있다. 이제는 익숙해진 하루의 일과처럼 말이다.

14

#1 왜 나에게 찾아 온거니

정말 많은 여자들이 이와 비슷한 경험을 한다고 한다. 10명 중 평균 7명 이상이 경험을 한다고 하니 모두가 알고 있는 이야기처럼 공감을 할 수 있을 것 같았지만, **친구**에게 다른 **지인**에게 쉽게 **꺼낼 수 없는 이야기**이다. 더 충격적인 사실은 이대로 사라졌다고 생각했을 때 **감기처럼** 다시 찾아온다는 것이다. 물론 완치가 되어서 더 이상 고통이 없는 사람들도 있지만, "<u>오랜만이네!</u>"라며 다시 찾아오는 확률이 더 크다는 것이다.

처음에 화장실에서 볼일을 보고 확인이 되었던 것이, 점점 방치하면서 시간이 지나 평소와 다른 흐르는 느낌에 놀라 화장실로 달려가서 확인하였을 때는 정말 놀라서 집에 빨리 가고 싶었다. 이는 서서히 다른 모습으로도 나타나기 시작하며, **냄새**도 나기 시작하였고, "<u>혹시나 다른 사람들에게 들키지 않을까</u>" 고민을 하고, 이를 감추기 위해 여러 가지 행동도 해보았다.

내가 지금 상황에서 이렇게 나타나게 될 수밖에 없는 것들 또한 존

넌, 누구니?

재하였다는 것을 알게 되었다. 내 패션은 **꽉 낀 스키니, 청바지**로부터 시작이었다. 너무나 편하고 활동하기 좋은 옷이기에 항상 입고 다녔었다. 그리고 일을 하는 동안 **앉아서 업무**를 볼 수밖에 없는 생활 패턴. 어디서나 불편함 없이 **화장실**을 방문하였지만 사실 **청결**하지도 않았던 곳이 많았을 것이라 생각이 든다. 그리고 조금만 몸이 좋지 않으면 찾았던 **병원**과 받았던 약들이 내 몸의 면역력을 떨어뜨리고 있는 **기초**가 되었다는 것이다.

무엇이 잘못되었을까? 그냥 남들과 같이 똑같이 지내고 했던 생활에서 하나씩 자세히 보니 "그럴 수밖에 없구나"라는 생각이 든다. 남들과 그냥 똑같이...

interviewee. Gwon

#2 이야기를 들어 보기 시작하다.

나에게도
내 가족에게도
내 아이에게도

조금씩 **스며**들고 있는 것을 이제는 그냥 지나칠 수 없었다.
이떻게 해야 할시 보르는 채 꺼낸 휴대폰

 누구에게 물어봐야 할지 잘 알 수 있을까? 어떤 질문을 해야 내가 원하는 이야기를 들을 수 있을까? 너무나 모르는 것이 많은 채 아무 단어나 적어 보았다. 쏟아지는 정보들. 너무나 **많은 이야기 중**에 어떤 것들부터 읽어야 할지 정하지 않은 채 읽어 내려갔다.

 한참을 읽다가 문득 생각이 들었다. "내가 처음 알게 되었을 때 어디에 갔었지?" , "병원! 그래 병원에서 했었던 이야기" 그렇게 **의사 선생님의 이야기**를 다시 찾아보기 시작했다.

넌, 누구니?

 미혼 여성이 산부인과를 찾게 되는 가장 큰 원인은 바로 질 분비물로 인해 생활에 불편을 겪는다거나 **면역력**이 **감소**하여 외부에서 유해균이 들어오면 여러 가지 정상 균들의 균형이 깨지면서 발생한다. **세균성 질염**은 정상적으로 질 내에서 살면서 질을 산성으로 유지하는 **유산균**이 **없어**지고, 다양한 혐기성 **세균**이 **증가**하면서 발생하는 **감염증**으로 면역력 약화 및 질 깊숙한 곳까지 씻어내는 질 세척 등이 원인이 될 수 있으며, 특히 **생리 전후** 또는 성관계 후에 증상이 심해지거나 증상이 전혀 없는 경우도 있다.
(김**산부인과)

 스키니진의 경우 몸에 착 달라붙어 압박을 가하기 때문에 여성의 중요한 기관인 자궁에 좋지 않은 영향을 끼칠 수 있다. 스키니진과 같이 몸을 **압박하는 복장**은 통풍이 되지 않아 습하고 곰팡이 번식이 쉬워져 질염 발생 확률을 높인다. 이에 여성의 **10명 중 7명** 이상이 일생에 적어도 1번은 질염을 경험하고 있다. 이처럼 **여성의 감기**라고 불릴 정도로 흔히 발생한다. 질염의 예방을 위해서는 평소 외음부를 **청결**하게 유지하는 습관이 필요하며 속옷은 가급적 땀 흡수가 잘되는 순면 소재를 착용하고 되도록 스키니진을 피하는 것이 좋다. (미**산부인과)

#2 이야기를 들어 보기 시작하다.

가장 흔한 원인으로는 **원인균 접촉** 외에도 비정상적으로 커져 있는 **소음순**이 문제가 되기도 한다. 소음순은 임신이나 출산 등 노화로 인해 크기가 커지고 비대해질 수 있으며, **다리를 꼬는 습관**, 자전거 타기 등의 활동으로도 커지고 비대칭이 되는 등의 변형이 생길 수 있다. 소음순이 크면 속옷에 **분비물**이 자주 묻고, 속옷이나 생리대 등과 **마찰**이 잦아져 **따갑고 붓는** 증상이 지속되는 특징이 있다. 이런 경우 곰팡이의 일종인 칸디다로 인해 발생하는 칸디다성 질염이나 기생충의 일종인 트리코모나스 질염 등이 자주 발생하며, 염증성 상피세포가 심하게 떨어져 나오면서 고름 같은 냉이 많이 나오는 염증성 질염에 걸리기도 쉽다. 폐경 이후에 여성들에게서는 **위축성 질염**이 발생할 확률이 높다. (플**여성의원)

특히 **트리코모나스** 질염의 경우 **성관계**를 통한 전파력이 강하기 때문에 **남녀**가 함께 치료를 받아야 더욱 긍정적인 예후를 기대할 수 있다. 알려진 것과 달리 질염은 **자연치유**가 어려울 뿐만 아니라 오랫동안 방치할 경우 추후 만성 질염으로 이어질 수 있고 더 나아가 **골반**

넌, 누구니?

염, 난소염 등 합병증을 유발할 수 있기 때문에 조기 치료가 중요하다. 20~40대 **젊은 여성**들에게서 **흔히** 나타나는 질염은 검진을 통해 조기 치료와 **예방**을 할 수 있다. (채*산부인과)

다양한 원인으로 발생할 수 있는데 **청결**하지 못한 상태에서 **성관계**를 하거나 잘못된 질 **세척, 스트레스, 불규칙한 생활 습관** 등으로 **면역력**이 저하된 경우에는 호르몬 불균형으로 인해 질염이 발생될 수 있는데 **바이러스성** 질염인지 **세균성** 질염의 차이는 있지만 정확한 진단 후 적절한 치료가 중요하다. 안정화된 세균의 균형이 깨지게 되면 질염이 발생 되게 되는데 질염이 발생되었을 때 방치하는 경우 질염으로 인한 **골반염** 또는 **자궁경부염** 등의 합병증을 발생시킬 수 있음으로 산부인과 방문을 통한 치료를 받는 것이 올바른 방법이다. (마*산부인과)

몸이 건강할 때는 이것이 전혀 문제가 되지 않지만, **면역력**이 **저하**되거나 임신과 경구 피임약의 복용으로 호르몬이 **변화**할 경우, 구강을 이용한 생활을 하거나 꽉 조이는 속옷이나 하의 착용, 오랜 시간 수영복을 착용하는 등 질에 습한 환경을 오랜 기간 주게 되면 **곰팡이균** 질염이 발생하게 됩니다. 질염의 증상은 흰 치즈 조각 형태의 질 분비물, 외음부 소양감, 작열감, 성교통, 배뇨통 등이 있으며, 진찰 소견으로는 질 분비물, 외음부 및 질의 홍반, 부종이 있을 수 있습니다. 당뇨병을 앓고 있는 여성이라면 **혈당 조절**을 하는 것도 도움이 됩니다. 이와 같이 건강한 생활 습관을 평소에 관심을 가져주시면 칸디다성 질염을 미리 **예방**하시는 데 도움이 될 것입니다. 칸디다성 질염은 증상 및 상태가 사람마다 모두 다를 수 있습니다. 그 때문에 이와 같은 **생활 습관**을 지키는 것도 중요하지만 증상이 보이기 시작한다면 조

#2 이야기를 들어 보기 시작하다.

기 치료를 받는 것도 중요합니다. (성남***산부인과)

글을 읽다 보면 같은 말이 꼭 들어가 있는 것을 발견한다. 그것은 역시 일반적인 이야기이면서도, **필요한 이야기**이기에 꼭 **전달을 하고자 하는 것**이다. 각 다른 이야기를 가지고 있지만, 결국 공통으로 전달되는 이야기를 가지고 들어야 하는 것이다.

기본(공통)이 되는 이야기,

질염은 **면역력**과 **생활습관**에 따라 재발할 우려가 높으며, 질 분비물이 평소보다 많아지거나 **가려움**, **악취**가 동반된다면 반드시 관심을 가지는 게 바람직하다. 무엇보다 질염은 종류에 따라 다양한 증상이 나타남으로 그에 맞는 **정확한 검사**와 **치료** 그리고 **관리**가 중요하다.

interviewee. Gwon

넌, 누구니?

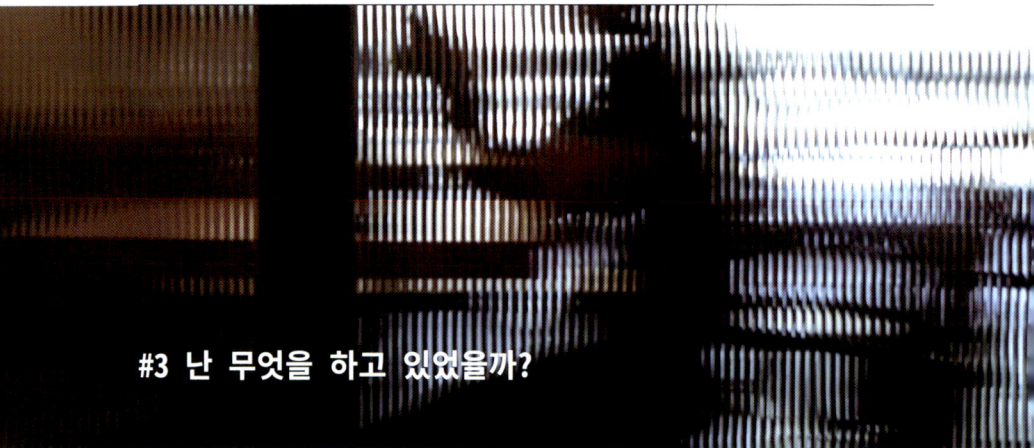

#3 난 무엇을 하고 있었을까?

글을 읽고 난 뒤...

 알고 있던 키워드를 이용하여 많은 글들을 읽었다. "난 잘하고 있었지 않았어!?" 하며 글을 쓸어내려 읽고 있는 순간 내 뒤통수를 치는 듯이 아차! 하며 "난 무엇을 하고 있었을까?" 내가 알고 있던 것들이 true가 아니라 false라는 생각이 문득 들었다.

앞에 나왔던 이야기를 정리해보면,

… **스키니 진**이나 **레깅스** 등 Y 존의 **압박**을 가해 통풍이 되지 않는 **꽉 끼는** 의류를 자주 착용하게 되면, 균의 번식에 유리한 환경이 만들어져 질염 균 발생이 쉽게 발생합니다.

… **비만증**, 많은 양의 **당분** 섭취를 할 경우 균이 활발하게 활동할 수 있는 공급원이 됩니다.

#3 난 무엇을 하고 있었을까?

… 청결하지 못한 상황에서 성관계하거나, 이로 인한 **자극성 청결 세척제** 사용 등 면역력 부족 시 나타납니다.

… **환절기**에는 기온 변화가 일어나게 되면서, 감기 등으로 약을 처방받아 **항생제** 복용을 하게 되면, 면역력이 떨어지면서, 더 쉽게 나타날 수 있습니다.

… **자연치유**가 가능할 것이라 하였지만, 실제로는 그냥 놔두는 자연치유는 되지 않습니다.

… 질염이 가지고 있는 균으로 **합병증**이 발생할 수 있으며, **골반염, 방광염** 등 다양한 병으로 나타날 수 있습니다.

… 불규칙한 **생활 습관**과 **스트레스**로 몸이 매우 약해져 있을 때 잠식하던 균 활동이 활발해집니다.

… 성관계 시 깨끗하지 못한 환경에서 하거나, 관계 전후에는 **청결**을 유지해야 합니다.

… **Y 존의 압박**을 주는 다리 꼬는 자세를 하거나, 자전거를 타며 자극

넌, 누구니?

을 주는 행동을 하면, 소음순 비대로 인해 발생할 수 있습니다.

… 생리 시 생리대, 탐폰, 생리 컵 등 생리 후 나오는 불순물을 빨리 제거를 하여야 하는데, **오랜 시간** 동안 놔두는 경우 **청결**하지 못한 환경 속에 균들이 활발하게 활동하게 됩니다.

내가 했던 행동은 무엇이 있었을까?

… 밖으로 나갈 때 항상 편안하다는 이유로 옷은 달라붙는 **청바지**를 **입고** 다니고, 돌아와서 집에서는 **레깅스** 입고 편안하게 생활하기

… **운동 후 땀** 흘리고 바로 씻지 않고 휴식 후 뒤에 씻기

… **달콤한 간식**을 좋아해서 자주 찾아 먹기

… 집에서 **따뜻한 곳**을 좋아해서 무조건 따뜻한 이불 안에서만 누워 있기

… 처음 발견했을 때 **무심하게** 지나쳤었던 것

… 조금 심하다는 생각이 들 때, 연고 바르거나 질정 넣어 **치료되었다고 생각**했던 것

… 감기 걸렸을 때나 아플 때 **약**을 아무렇게 **복용**을 했었던 것

… 치료를 받기 위해 받았던 약을 괜찮아졌을 때 끊었다가 다시 아플 때 먹고 **꾸준히 먹지 못했던 것**

"난 정말 하지 말라고 하는 것들은 모두 하고 있었구나…!" 작은 것

#3 난 무엇을 하고 있었을까?

들이라 생각했던 것이지만 그 작은 것들이 지금 상황을 나타나게 된 계기가 되었다는 것을 알게 되었다.

이미 시작되었던 것을 후회하며, 좌절하고 있을 수 없지 않을까?
이렇게 지금부터라도 알게 되었으니 다행이지 않을까?

계속 되뇌며, 작은 습관부터 일상생활에서 변해야겠다고 생각을 하게 되었다.

" 이게 정말 나 혼자의 고민일까? "

 혼자 고민을 하고 있는 모습을 보고는 옆에서 걱정하며 바라보던 **가족들에게** 이야기를 하기로 했다.

모두에게 이야기하고 나니 모든 것들은 나 혼자 해야 하는 것이 아니

넌, 누구니?

라 같이 지내고 있는 가족과 함께할수록 더 좋은 일상생활을 가지게 되고 **빠르게 변화**를 가져올 수 있을 것 같았다.

 분명, 고민하고 있을 **내 아이**에게도 누구나 쉽게 찾아올 수 있으며, **숨겨야 할 것**이 아니라, 같이 이야기를 나누며 **해결**해야 할 것이라 이야기를 전달하고 싶었다.

insterviewee. Gwon

질염 너는 누구

#4 누구나 한 번쯤

누구나 한 번쯤...

어느새 찾아와 말도 없이 지나가서는,
언제쯤 다시 찾아올 것이라는 이야기도 없이 불쑥 찾아오는 것이 아닐까?

앞에 인터뷰를 통해서 이야기를 읽어 보면, **한 번쯤**은 나타나야지 될 것 같은 생각이 든다.

넌, 누구니?

쉽지 않았을 것이다. 이 모든 것을 나와 이야기를 나눌 수 있다는 용기에 존경스럽다.

 사람들은 대부분 **숨기기 위해서** 나타내지 않고 **혼자 고민**을 하게 된다. 하지만 숨기지 않고 나타내기 위해서는 단 한 번의 생각으로 표현을 하는 것이 아니다. 정말 많은 시간 동안 이 사람은 고민을 하였는지 알 수 있다.

그래서 내가 할 수 있는 것이 있다면 뭐든지 다 해주고 싶다.

 이제부터는 글을 읽고 있는 당신도 한 번쯤 경험해보았는지 확인을 해보자.

 … 냉이 **물처럼** 흐른다

#4 누구나 한 번쯤

··· 분비물이 **치즈처럼** 흰색 가루가 나온다
··· 분비물이 **끈적**하며 점성이 있다
··· 외부가 살짝 **부어**올라 있다
··· 입구가 **따끔**거리며 아프다
··· 분비물에 **냄새(악취)**가 난다
··· 성관계 시 **통증**이 느껴진다
··· 냉의 **양**이 많아졌다
··· 소변을 볼 때도 **통증**이 느껴진다
··· 외음부가 **간지러워** 참을 수 없다
··· 분비물이 투명하지 않고 **색깔**을 가지고 있다
··· 분비물이 두부 **덩어리**처럼 나온다

지금 순간만 보아서는 안 된다. 당신의 **유년 시절**부터 지금까지 생활 모든 것을 기억에서 꺼내어 확인하여야 한다. 그럼 이 중에서 증상이 **보인다면**, 당신도 질염이 찾아와 마주하고 있거나, 준비 중일 것이다.

공통으로 **세정제**나 **청결제** 등의 잦은 사용과 잘못된 **세척 습관**으로부터 시작이 되는 경우가 많다고 한다. 몸이 좋지 않아 **항생제**를 많이 먹을 경우 면역력이 줄어들어 더 쉽게 **세균**이 들어올 수 있기도 하며, 임신이나 당뇨 등으로 질내 **유해균**이 들어가서 더 잘 살 수 있는 환경을 만들어 준다고 한다.

이제부터는 그냥 방치하고 있지 않고 <u>**내 몸을 관리할 수 있는 방법을 찾아보는 것이 시작**</u>이다.

넌, 누구니?

#5 당신이 만날 수 있는 균

질염 균 3 대장

당신은 질염 증상이 나타나고 있다는 것을 알 수 있을 것이다.
"난 심하지 않은데?"라며 그냥 지나쳐 보낼 것인가요?

이제는 내가 가지고 있는 증상이 어떤 것인지 조금 더 궁금할 것이다.
 초기에는 가벼운 증상으로만 생각하고 지금과 같이 지내면 되지 않을까? 라고 생각할 것 같은 당신을 위해 주로 균이 많이 나타나는 증상을 한번 이야기해보려고 한다.

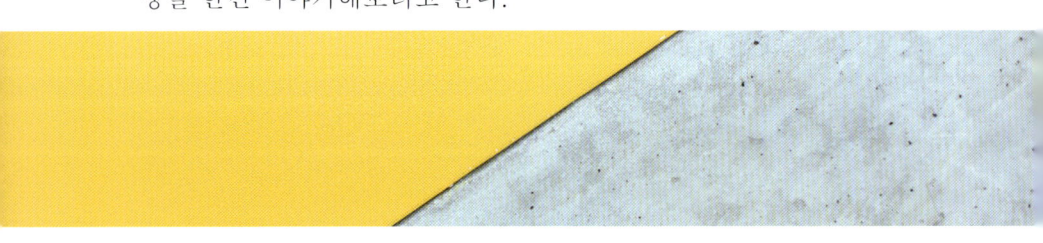

세균성 질염 (가드넬라 질염)

#5 당신이 만날 수 있는 균

색상 : **누런색**이나 **회색** 점성이 있는 끈적함
냄새 : **생선 (비린)** 냄새

원인 : 정상적인 락토바실러스균이 없어지면서 혐기성 세균이 증식하여 감염증 발생
경로 : 세정제나 청결제 등의 잦은 사용과 잘못된 **세척 습관**, 항생제 과다 복용 후 **면역력** 저하 시 침투
통증 : 그 이외 특별한 증상이 나타나지 않는 경우도 많다.

#서울대학교 병원 의학 정보 참조

#차병원 건강 칼럼 참조

칸디다 질염
(여성의 75%가 한 번은 경험한다는 질염)

색상 : **흰색** 치즈 조각이나 **두부** 으깬 모습
냄새 : **시큼**한 냄새가 나거나 **무취**(냄새가 전혀 안 나기도함)

원인 : 당뇨를 가지고 있거나, **에스트로겐**(경구 피임약)사용, 임신 시 **면역력** 약화 시 나타나기 쉽다.
경로 : 에스트로겐 함량이 높은 경구 피임약 복용, 과로, 스트레스, 수

넌, 누구니?

면 부족 면역력 저하 시 침투
통증 : 성교통, 배뇨통 등 자극을 가하는 **통증**이 발생이 된다.

#서울대학교 병원 의학 정보 참조

#차병원 건강 칼럼 참조

트리코모나스 질염

색상 : **거품** 섞인 분비물 또는 **고름**처럼 나오며 **녹색**을 띤다.
냄새 : 심한 악취가 나기도 하지만 전혀 안 나기도 한다.

원인 : **성접촉**에 의해 전파되며, 여성과 남성이 성접촉을 가져도 약 70%가 감염
경로 : 성관계 및 전염을 통하여 증상이 나타나며, 간혹 수영장이나 사우나 등에서 젖은 수건을 통해 감염
통증 : 특별한 증상은 없거나, 성교통이 있을 수 있으며, **따끔**거리고 **열감**이 나며 가려움증이 일어나기도 한다.

#서울대학교 병원 의학 정보 참조

#두산백과 참조

#차병원 건강 칼럼 참조

#6 같은 균의 다른 모습

이렇게 질염이라면 알게 되는 제일 흔한 3종류가 있다.

 처음에 **비슷한 증상**이 나타나게 되면 어떻게 해야 할지 모르고, 우왕좌왕하지 말고 어떤 **색**을 가지고 있는지, **분비물**이 어떻게 나오는지, 그리고 내가 어떤 **활동**을 하고 있었는지 조금만 가다듬어 생각해본다면, **어떤 질염 증상**인지 조금은 알 수 있을 것이다.

 너무나 흔한 증상이기도 하지만, 균이 가지고 있는 증상은 너무나 비슷하게 병명으로 나오는 것 같다.

그럼 앞서 나왔던 균들을 다시 생각해보자.

 대장균, 포도상구균, 녹농균 등 이제는 한 번쯤 들어 봤을 만한 균의 이름 들이다. 그리고 그 외 **다양한 균**이 검출되기도 하며 이런 균들이 다른 곳으로 이동을 하며, 활동한다면 균을 통해 어떻게 사람들에게 나타나는지 확인하여 정리해 보았다.

넌, 누구니?

방광염

주요 균 : **대장균(80%)**, 그 외 포도상구균, 장구균, 협막 간균, 변형균 등

원인 : 해부학적인 요소에 의해 특히 여성에게 잘 걸린다. 요도를 타고 **방광**으로 **세균**이 침입하여, 감염되며, 소변을 오래 참는 습관이나 물(수분)을 잘 섭취하지 않는 습관으로부터 나타나기도 한다.

증상 : 하루 8번 이상 통증이 동반된 **소변**, 참기 힘든 **요의**, **요실금**이 나타나며, **악취**가 발생이 된다.

예방 : 적당량의 **수분 섭취**는 체내의 균을 몸 밖으로 배출시키므로 방광염 예방에 도움을 줄 수 있으며, 생식기를 **청결**하게 하고 부부관계 직후에는 배뇨하는 습관을 갖는 것도 좋다. 폐경기 이후의 여성의 경우 **여성 호르몬**을 보충하는 것도 도움이 된다.

질염과 방광염의 **원인 세균**들은 겹치는 부분이 많아서 질염이 아니더

#6 같은 균의 다른 모습

라도 방광염이 걸려 있거나, 방광염이 아니더라도 질염에 걸려 있거나 질염과 방광염 **둘 다 발병**할 때도 있으니, 원인 세균을 신경을 쓰며 **관리**를 하여야 한다.

#서울대학교 병원 의학 정보 참조

#건강 소식 (2006) : 방광염, 그레이스병원 황경진 참조

위축성 질염

원인 : 갱년기와 **폐경기**를 거치면서 난소가 점차 기능을 상실하고, 난소에서 분비되는 **여성호르몬이 결핍**이 주원인이 된다. 생리 환경 변화가 일어나, 질 점막이 얇아지고, **건조 증상**도 나타나 **세균 감염**을 막아주던 방어작용도 사라져 세균에 쉽게 감염된다.

증상 : 황색 분비물이 나오며, **냄새**, **통증**, **가려움** 등의 증세가 나타나고, 합병증으로 골반 내 기관에 2차 세균 감염을 유발할 수 있는 위험이 있다. 부부관계 시 통증, 출혈 등이 동반될 수 있다.

넌, 누구니?

예방 : 근본적으로 여성 호르몬이 부족해서 생긴 질염이므로, 국소적인 여성 호르몬 연고나 질정을 사용하여 관리하여야 한다. 원인균의 **발육 억제** 및 **소멸**을 할 수 있도록 하여야 하며, **유익균(락토바실러스)** 증식과 활동을 꾸준히 활동할 수 있도록 하여야 한다. **에스트로겐 요법**을 장기간 시행하였을 때의 안정성에 대한 연구가 부족하며, 중지하였을 때 증상 개선에 대한 효과가 지속되지 않는다는 점 등은 한계로 지적되고 있다.

#서울대학교 병원 의학정보 참조
#대한 한방부인과 학회지(2019):위축성 질염에 대한 한약 투약의 효과 참조

골반염

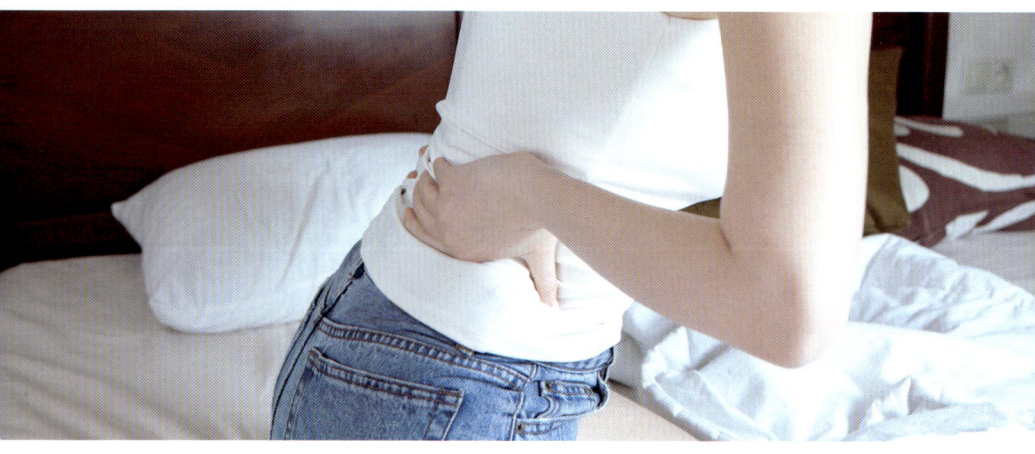

주요 균 : 임질균, 클라미디아균, 혐기성균, 연쇄구균 등

원인 : 자궁, 난관, 난소 등 인접 조직 등을 침범하는 **염증성 질환**이며, 대부분의 경우 하부 성기에 침입한 각종 세균이 상향 이동하여 발생

#6 같은 균의 다른 모습

이 되는 속발성 질환으로 여성들에게 **불임**이 될 수 있는 중요한 원인이 될 수도 있으며, **합병증**을 유발할 수 있다.

증상 : 골반 부위의 **골반통 통증**과 **발열**이 나며, 질 **분비물**이 **증가**하고, 다량의 질 **출혈**이 발생이 된다. 그 외 **하복통**, **오한**, 배뇨 시 **불편감** 등 비뇨기 이상 증상이 있으면 골반염을 염두에 두어야 한다. 성관계 중 통증이 발생이 되며, 피로감 등이 있다. 간혹 골반염이 있더라도 아무 증상이 없는 경우도 있다고 한다.

예방 : 골반 염증성 질환은 주로 성관계를 통해 전파되므로 성관계 시 관리를 하여야 하며, 콘돔을 사용할 경우 라텍스 콘돔을 사용하게 되면 예방에 효과가 있는 것으로 밝혀졌다. 특히 콘돔을 사용함으로써 각종 성병 관련된 질병을 예방할 수 있다. 여성이 골반염에 걸린 경우, 배우자도 항생제 치료를 하여야 한다. 골반염이 임질이나 클라미디아 균 같은 일종의 성매개성 질환이므로 꼭 같이 검사를 통해 치료를 받아야 한다.

#서울대학교 병원 의학 정보 참조
#대한 한방부인과 학회지 (2021) : 만성 골반염의 한약 치료에 대한 무작위 대조 임상시험 연구 분석 참조

 질염일 것 같아 관련 내용을 찾아보다가, "비슷하지만, 아닌 것 같아"라며 그냥 지나치며, **작은 불편함**이라 생각하여 그냥 그대로 **방치**를 하고 있는 경우가 많다. 하지만 이렇게 질염과 같은(유사한) 균이 **또 다른 모습**을 가지고 다른 행동을 하고 있다는 것을 알게 되었을 것이다.

 반대로 질염 증세로만 알고 있던 것 중에 위에 이야기했던 다른 병명도 들고 있어 같이 일어나고 있다는 것을 알지 못한 채 지내고 있

넌, 누구니?

는 경우도 많다. 조금 불편하다는 이유로 **방치**를 하고, 누군가는 **자연 치료**되었다는 이야기에 그냥 잘 씻고 하면 될 거로 생각하면서 **합병증**이 생기고 악화하는 경우도 많으니 더욱더 신경을 쓰면서, 이제는 미리 **예방**도 할 수 있지 않을까 한다.

그리고...

이 중에 나 **혼자** 고민을 하고 치료를 받으며, 관리하는 것이 아니라 나와 **가족**들이 모두 함께할 경우 더 빨리 호전이 되는 경우가 많다. 그리고 **배우자** 또한 같이 검사를 하여야 하는 경우도 있음으로, 꼭! 함께 이야기하고 병원에 가서 검사를 할 수 있도록 하여야 한다. 이는 분명 부끄럽거나 숨겨야 하는 내용이 아니고, 조기 발견을 하였을 때는 **빠른 치료** 및 **관리**를 통해 정상적인 모습으로 돌아올 수 있다는 것이다.

#7 같은 환경 다른 모습

#7 같은 환경 다른 모습

 하나의 **균에서부터** 발생이 되는 다양한 병명을 가질 수 있다는 이야기는 알게 되었을 것입니다. 균을 가지고 있는 **환경**에 대해 유사한 환경을 가지고 있다면, 이번에는 균으로부터 발생도 하지만, 지금 **내 몸의 환경에서부터** 나올 수 있는 이야기를 하려 합니다.

 아무리 겉으로 보이는 모습이 건강하게 보이더라도, 질내 환경이 어떻게 구성이 되어 있는지 중요합니다. **유익균(좋은 균)**이 잘살고 있는 환경을 꾸준히 만들어 주어야 하는데 잘못된 습관으로 환경이 무너지게 되면 **유해균(나쁜 균)**의 생성으로 다시 돌아가기에는 쉽지 않습니다.

 여러 가지 균에 대한 내용을 찾아보면서, 비슷한 증상으로 잘못 판단하여 관리를 할 수 있을 것 같다는 생각이 스쳐 지나갔습니다. "왜 비슷비슷한 증상이 보이는 거지?" 가볍게 생각을 하고 지나칠 수 있는 동일한 증상이었다고 생각했지만, 찾아보고 알게 되면 무서운 병일 수도 있을 수 있다는 것을 알게 됩니다.

 이제 같은 환경에 **다른 증상**들이 나오는 것이 무엇이 있는지 확인하려 합니다.

자궁 경부암

… **치료**가 아니라 **예방**이 될 수밖에 없습니다. ("궁금한 일요일 장영실 쇼"에서 발췌)
… 전 세계적으로 여성에게 발병하는 암중에 **두 번째로 사망원인이 높은 암**이라고 합니다.
… **무증상**으로 시작하여 **갑자기** 발견되는 경우가 많습니다.

넌, 누구니?

원인 : **HPV(인유두종 바이러스)**를 통해서 감염되는 주요 원인이라고 하며, 자궁경부암으로 진행하는데 10~15년 이상 걸리는 **긴 진행 과정**을 가진 **질병**이므로, 정기적인 검진을 통해 확인을 할 수 있습니다. **흡연**할 경우 자궁경부암을 유발할 수 있는 근거를 가지고 있으며, **발암 물질**로 불릴 수 있습니다.

증상 : 질 내 **출혈**이 가장 흔한 증상이며, 발견할 수 있는 단계입니다. 처음에는 피가 묻어 나오는 정도이지만, 암이 진행되면서 출혈 및 분비물이 증가하고 **궤양**이 심화됩니다.

 2차 감염이 시작되면 **악취**가 심하게 동반이 되는데, 방광, 요관, 골반 등을 침범하게 되면서 **배뇨 곤란**과 피가 섞여 나오는 소변, 직장 출혈, **허리 통증**, **체중 감소** 등의 변화가 보이기 시작합니다.

예방 : 기본적으로 **성관계** 시 감염이 되는 경우이므로, 성관계 전 서로 간에 **청결**을 유지하고 콘돔 사용을 권장합니다. 성관계를 꾸준히 하고 있을 경우 1년 간격으로 자궁경부 세포 **검사**를 받아 사전에 확인을 할 수 있습니다. 흡연하지 않고, 건강한 체중을 유지하는 **생활 습**

#7 같은 환경 다른 모습

관을 지니는 것도 좋습니다.

 락토바실러스 균이 활발히 활동하면서, 잠식하고 있는 자궁경부암 관련된 균들이 제거되기도 하며, 질의 유해균을 제거하면 락토바실러스균을 유지하거나 재생을 할 수 있는 **환경**을 만들게 되고, 좋게 만들어진 몸은 락토바실러스 **세포**가 계속 **생산**이 되어 각종 **유해균으로부터 보호**할 수 있습니다. #KBS 궁금한 일요일 장영실 쇼에 나온 내용 참조

치료 : **수술**과 **방사선** 치료가 효과적인 치료법으로 알려져 있습니다. 조기의 경우 수술 및 동시 화학 방사선요법으로 높은 완치율을 보입니다. #대한 방사선 치료 학회지 참조

 수술, 항암 화학요법, 방사선 요법 그리고 **항암 화학 방사선** 동시 요법 등을 크게 구분이 가능하며, 각 병기에 따른 표준적인 치료 방법으로 제시하고, 변증 구분하여 치료 방법을 제시하고 있습니다. #방사선 기술과학 (2012) 참조

사전 예방과 주의 사항

 우리나라에서는 **국가 지원**을 받아 **백신**을 **접종**할 수 있습니다. 그 대상 시기는 **청소년기까지**이며, 해당 정보를 확인하여 사전에 접종을 받아 예방하는 것이 좋습니다. 우리나라에서 예방접종을 받을 수 있는 백신은 **가다실(4가)**과 **서바릭스(2가)**가 있으며, 국가 예방접종을 통해 받을 수 있으니 연령대에 맞는 접종을 하는 것이 좋습니다. 하지만 자궁경부암이 생길 수 있는 균 종류가 많아 예방 주사만으로는 **모두 예방**할 수는 없습니다. #질병 관리청 내 예방접종 도우미 : 사람유두종 바이러스 (HPV) 참조

#서울대학교 의학정보 지식백과 참조

#국가암정보센터 암정보 참조

넌, 누구니?

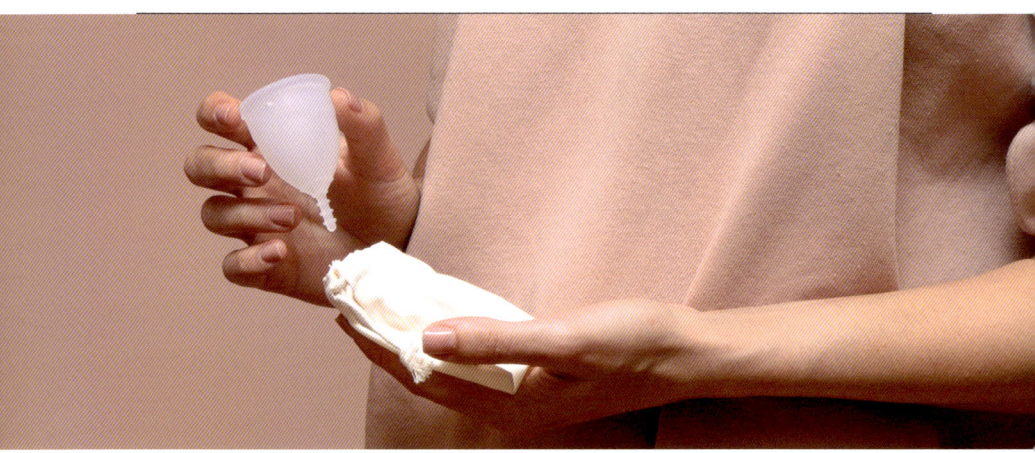

질 건조증

에스트로겐의 감소로 인해 질에 조직학적 변화가 일어나고 이로 인해 건조함으로 불편감을 나타냅니다.

원인 : 에스트로겐 **감소**, **폐경**, 수유, 특정 **약물**, **종양** 치료를 위해 수술 적으로 **난소**를 **제거**하였거나 항암 및 방사선 치료를 받았을 경우 그 증상이 주로 나타납니다.

증상 : 질 부위가 **건조**해지면서 **불편감**, **작열감**, **가려움**, **성교통**, 비정상 적 분비물, 빈뇨 및 배뇨통이 일어나며, 때로는 무증상으로 건조함만 느껴지는 경우가 있습니다.

예방 : 치료를 통해서 어느 정도 증상이 경감되면은 **성관계**를 지속하 는 것이 **탄력성**을 **유지**하고 건조 악화 예방에 도움이 됩니다.

#7 같은 환경 다른 모습

#서울대학교 의학 정보 지식백과 참조

암모니아

냄새 원인 : 땀이나 소변에서 **고약한 냄새**가 나는 경우 체내에서 요소로 전환되지 못한 암모니아가 섞여 배출되기 때문에 주된 원인이며, 특히 **질염**이나 **방광염**을 앓고 있으면 냄새가 **더욱더** 심하게 날 수 있습니다. 질내 감염 관련 박테리아는 소변을 보는 동안 소변과 접촉할 수 있으며, 이 둘 사이의 화학반응은 **악취**를 유발합니다.

독성 : 암모니아에 **장기간 노출**될 경우 **피부 조직이 손상**될 뿐만 아니라 산성을 유지해야 하는 질의 환경에 대비되는 염기성으로 인하여, **질 내 면역** 환경에도 좋지 않습니다.

증상 : 인체가 암모니아를 요소로 전환한다고 안심할 수도 없는 것이 인체의 **노폐물 배출**과 **혈압**을 조절하는 신장의 **기능**에 **이상**이 생기거나 약해지면 암모니아 냄새가 강하게 나게 되며, 제거되지 않게 되면 **염증**을 일으키고, 몸이 **붓고**, 피부가 **가려운** 증상이 나타나게 됩니다.

넌, 누구니?

 대장균, 포도상구균, 녹농균에 의한 **세균 감염**으로 방광염이 올 경우 또한 소변에서 **암모니아 냄새**가 강하게 날 수가 있고, 대장균과 같은 세균은 소변을 분해해서 암모니아를 생성시키는 효소가 있기 때문이며, 또한 감염된 세균의 **대사 작용**에서 나온 아민이라는 물질에 의해 생선 **비린내**와 같은 **악취**까지 동반할 수 있습니다.

예방 : 몸에 **충분한 수분**을 공급하기 위해 **물**을 충분히 섭취하고, **다이어트** 시 암모니아 냄새를 유발할 수 있는 **단백질** 등의 섭취를 줄이며, 약물 등 건강 보조제를 확인하여 주의하여야 합니다. 사람마다 다르지만, 대부분 사람들은 하루에 최대 8번까지 **방광**을 비워야 한다고 하며, 먹고 마시는 양에 따라 달라질 수 있습니다.

#서울대학교 의학 정보 지식백과 참조

 간혹 **가벼운 증상**이라 생각하고 찾은 정보를 통해 관리하고 있었을 것입니다. 하지만 이렇듯 **비슷한 증상**으로 나타나는 병명은 달라지고, 균을 제거하고 병원을 방문하여 균 검출 검사를 하였을 때, 이제는 그 균이 검출되지 않는다고 하여 안심을 하고 있어서는 안 됩니다.

 균에 한 번 감염이 되고, 그 **균을 제거**한 후에도 꾸준히 **몸 안**의 **환경**을 좋은 공간으로 만들어 주며, 더 이상 **치료가 아닌 케어** 관리를 하는 **생활 습관**을 지녀야 합니다.

주변에 있었다.

#8 생활 속에서 발견

어느 날..

 아침에 일어나 **졸음**으로부터 깨어나기 위해 화장실로 가서 **세수**를 하기 위해 세면대에 서 있었다. 세면대 위에는 조금 전에 씻고 지나간 자리를 표현하고 싶은 것처럼, 급하게 지나간 곳에는 **갖가지 물품**들이 올려져 있었다. 하나씩 하나씩 원래 있던 자리에 가져다 놓으면서, 구경하게 되었다.

넌, 누구니?

건강 팔찌, 금반지, 은반지, 목걸이, 시계 등

 평소에 그냥 보았을 때는 신경을 쓰지 않으며, 보이지 않았던 것들이 이렇게 보니 몸에 많은 것들을 착용하고 다니고 있구나라는 생각을 하였다.

 문득 "그럼 난 몇 개를 착용하고 있지?"라는 생각이 들었다. 거울에 비치는 내 모습을 보고 하나씩 세어 나갔다. **목걸이** 한 개, 손가락에 **반지** 한 개, **팔찌**도 한 개, 이게 전부 인가하고 뒤돌아 가려는 순간 발목에도 순간 걸리적거리는 게 느껴져 발목을 바라보니 또 하나 더 **발견**하게 되었다. "나도 많이 하고 있었구나!!"

 언제부터였는지는 기억이 나지 않는다. 젊었을 때는 **그냥 멋으로** 목걸이를 착용하기 시작하였을 것이다. 그러다가 하나씩 하나씩 구매를 하여 착용을 하면서 늘어났던 액세서리는 이렇게 여러 개를 착용하고 있었던 것 같다. 생각해보니 **세공 일**을 하다 보니 **자연스럽게** 접하게 되었을지도 모른다.

#8 생활 속에서 발견

놀라움의 발견

그러다 보니 **세공** 일을 하면서 제일 쉽게 그리고 많이 접하게 되는 것이 보석일 것이다. **반짝반짝** 거리는 **보석**은 누구나 **아름다움**을 표현하기 위해 구매를 하고 시간이 지난 후에는 **재테크**처럼 경제적인 가치를 얻을 수 있는 것으로 사용을 하기도 한다.

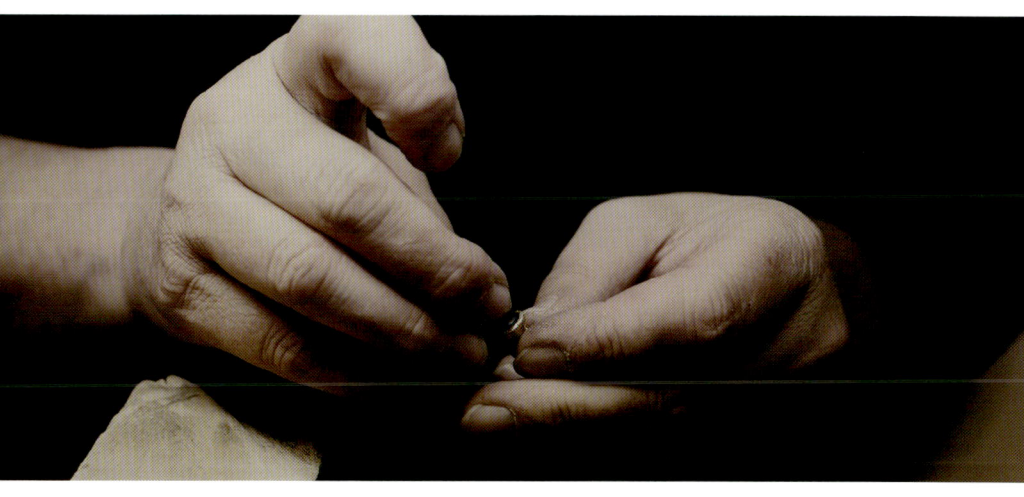

세공 일을 하면 그 보석을 깎거나 다듬어서 여러 형태를 만들기 위해서 **여러 가지 도구**를 이용하여 작업하게 된다. 세공을 시작한 지 얼마 되지 않았을 때였을 것이다. **날카로운 도구**를 사용하여 작업할 때마다 조심스럽게 작업을 하고 있지만, 순간 힘을 가했을 때 미끄러져 움켜쥐고 있던 내 손에 그대로 칼날이 지나가 피부가 찢어져 **상처**가 생기는 경우가 있었다.

가볍기도 했었고 그냥 쉽게 넘어갈 수 있는 일이라 생각하여, **실수**할 때마다 미련하다는 말과 함께 들었던 꾸중들로부터 피하기 위해 그

넌, 누구니?

순간 밖으로 나가 손을 씻고, 얼른 **약국**에 가서 약을 구입해 바르고 난 뒤 **반창고**를 붙여 장갑을 바로 껴서 누구도 모르게 숨겼다. 난 아무도 모르고 있으리라 생각을 했지만, 며칠 후 모두 알고 모른 척했었던 것을 알 수 있게 되었다.

어느 날처럼 작업을 하다가 깎고 있던 금의 **날카로운 부위**에 상처가 생기게 되었다. 이번에는 지난번보다 깊게 상처가 났는지 너무나 아파 몸을 웅크리고 있었다. 근처에 있던 사수가 내 모습을 보더니 너무나 자연스럽게 상처 부위를 한번 보고 작업을 하고 있던 곳에 흩어져 있던 **금과 은가루**를 집어 들어 상처 부위에 **뿌리면서** 덮은 후 들고 있던 반창고를 자연스럽게 붙여 주었다.

너무나 순식간에 일어난 일이라 멍하게 바라보니 그때 사수가 "금이랑 은이랑 소독 효과도 좋고 피부 재생도 빨리 되고 좋으니 이대로 놔두면 괜찮아질 거야"라며 뒤돌아 다시 자신의 자리로 가서 태연하게 작업을 하였다. 따가운 느낌이 났지만 그래도 괜찮아진다고 하니 불편한 것도 없고, 더 이상 출혈도 크게 나타나지 않아 그 상태로 작업을 계속하였다. 잊고 지내며, 며칠 후 보니 정말 상처 부위가 아물어져 있어서 "이게 정말 된다고?!" 너무 놀랐다.

"도대체 왜 그런 거지??"

금과 은, 그리고 균

#9 효과라는 또 다른 이야기

 대한민국에 살고 있는 사람이라면? 아니, 해외 어떤 나라에 살고 있는 사람이라면? 모두 같이 **좋은 효과**를 가지고 있고, 그 효과를 확실히 알게 되었다면, 사람들은 너도 나도 구매를 하고 사용을 하게 된다.

 오래전부터 이미 **귀금속**에 대한 이야기는 많이 나와 있다. 몸의 **액세서리**로 자신의 **아름다움**을 표현하는 수단으로 사용을 하고, **경제적인 가치**를 표현하기 위해 구매를 하여 보관을 하는 경우도 있고, 태양열

넌, 누구니?

에너지판, 반도체, 가전기기 등 여러 가지 형태로 사람들과 가까이 지내고 있다.

 그중에서 앞에 언급했던 **금과 은**에 대해 이야기를 해보려고 한다. 정말 다양하게 사용하고 있다는 것은 이번에 관련된 자료를 보면서 알게 되었다. 실제로 그 **효능**을 가지고 있기 때문에 이기도 하지만, 때론 사람들이 바라보는 **시선**에 따라 활용의 가치를 표현하기도 하고 있다.

 흔히 금과 은이라는 성분은 이온 작용을 통해서 **혈액순환**을 촉진해 **피부**에 좋고, **해독작용**을 통해 피부 염증이나 상처를 **치유**한다고 널리 알려져 있다. (이는 추후 한의학과 서양학에서 나온 이야기들로 재구성해볼 생각이다.)

금(GOLD)

심리적인 효과 : 마음이 **불안할 때 심신**을 **안정**시켜 주는 효과가 있다. 이를 응용한 제품으로 우리가 한 번쯤 들어 보거나 먹어 보았을 마음을 진정시킬 때 먹는 **청심환**에 **금박**이 둘려져 있는 이유이기도 하다.

#9 효과라는 또 다른 이야기

몸속에 있는 각종 좋지 않은 물질을 흡수하고 **배출**시키는 **해독작용**과 **신진대사**를 원활하게 하며 **혈액 순환**을 도와 체질을 개선하는 효능이 있다고 한다.

 이처럼 식용으로도 사용하는 경우가 있는데, 현재 유럽과 아시아 등에서는 이를 이용하여 음식의 장식으로 만들어 식사하고 있지만, 미국에서는 식용으로 금을 **섭취**하는 것을 **금지**하고 있다. 아무래도 **의학적 근거**가 각 나라별로 확인을 하는 것의 차이가 있기 때문이다.

육체 건강 : **관절염**이나 **신경통**의 증세가 있는 경우 금반지를 착용하거나 금목걸이를 착용함으로써 그 증세를 완화하는데 효과가 있어 무릎 등의 관절이나 허리, 목이 좋지 않은 사람의 경우 **금침**을 통해서 효과를 보는 경우가 **한의학**에서는 적용하고 있다.

피부미용 : 눈에 보이지 않는 **전자**가 **방출**되는데, 전자가 방출되면서 **이온 작용**으로 피부에 미약하게 전류를 발생 시켜, 피부의 각종 세**포**가 활발하게 **활동**하도록 생성을 해주며, 피부 세포가 활성화되어 **주름 개선**에도 효과가 있으며, 피부 **탄력**에도 도움이 된다고 한다. 그래서 화장품에 금이 포함되어 효능과 함께 브랜드 가치를 높여 주기도 한다.

넌, 누구니?

은(SILVER)

세균력 : 은과 접촉하게 되면 살 수 있는 **세균**은 거의 없다고 알려져 있다. 약 **650여 종**의 세균을 **박멸**하는 살균과 항균 효과를 가지고 있다고 한다. 옛날에는 **은 식기**와 **은수저**로 주로 사용을 하였는데, 몸에 이상이 생기거나 **질병**이 생기면 사용하던 은이 **변색 변형**이 온다고 하여 널리 사용하였으며, **은반지**를 끼다가 변색이 온다면 몸에 이상이 생기는 것을 알려주는 역할을 하며, 건강검진을 받아 확인하는 경우가 많다.

심신안정 : **혈액순환**이 잘되어 **심신 안정**이 잘되며, **동의보감** 등 고서에 그 내용이 적혀 있다.

피부미용 : 혈관을 **탄력** 있게 유지해 뼈의 형성과 **치유**뿐만 아니라 피부 **유지**와 **회복**에 중요한 역할을 한다고 합니다. 피부 회복을 시켜주는 효과가 있다고 하여 **아토피** 피부에도 효과가 있다고 전해지기도 하며, **음이온**이 수분을 증가시키는 효과가 있어 피부 **재생**에도 효과가 난다고 하기도 한다. 금속 알레르기가 발생하지 않는 소재이기 때문에 피부가 예민해서 액세서리 착용을 하지 않는 사람들이 착용을 할 수 있다.

#10 그들이 말하는 이야기

 처음에는 단지 **부의 가치**를 보여줄 수 있는 수단이고, 귀금속이 멋지고 자신의 **외모**를 가꾸기 위해 착용하는 귀금속 액세서리이지만, 그 효능과 역할을 알고 착용을 한다면 단순히 몸의 **아름다움**이 아닌 자신의 **건강**을 위해서 하고 있다는 것을 알게 될 수 있다. 이제는 사람들이 금목걸이를 많이 하고 있을 때는 단지 뽐을 내기 위해서 착용한 것만으로 생각하지 않고, 건강을 위해 착용을 하고 있으리라 생각을 할 것 같다.

#10 그들이 말하는 이야기

 어느 날 저녁 티브이를 보고 있는 도중, 한 **드라마**에 집중하며 보게 되었다. 드라마의 내용은 **현대의학**과 한의학 간에 전문의가 나와 사람들을 치료해주며, 서로 간에 의술을 다르게 표현을 하며 **생명**을 살리며 **치료**하는 것이 공통적인 목적을 가지고 있지만, 서로의 의술을 일부 믿지 못하고 대립도 하며, 후반부로 가면서는 서로 필요한 부분은 채워 가며, **사람을 치료**하는 것으로 마무리되었다.

 그래서 그런지 조금 더 알아보고 싶었다.
 전 글에서 언급했던 **귀금속**이 가지고 있는 신비한 **효능**(기능)이 왜

넌, 누구니?

 그런 이야기가 나왔는지에 대한 궁금증은 조금씩 더 커졌고, 확인해보고 싶은 마음이 생겼다. 그럼 온라인에서 나오는 이야기들은 어디서부터 나온 이야기 인지 더 자세히 찾아보게 되었다.

 특히, 금과 은의 이야기는 한의학과 서양의학의 논문과 고서에 내용이 주로 담겨 있었다. 우리가 너무나 잘 알고 있는 그리고 드라마로 나왔었던 '동의보감'에서도 그 내용을 찾을 수 있었다.

한의학

원광대 의과대학 문영회 교수 / 신민교 한의대 교수
 한의학에서 **심신**을 **안정**시키는 데 은을 이용하였다고 한다. 고대로부터 물과 음식물을 보관하는데 은용기를 사용하여 **세균**(병원균)의 침입을 막고 음식물이 상하거나 변질되는 것을 예방하였다.

 은은 부작용과 내성이 없기 때문에 **살균** 작용이 강한 항균제로 주목받고 있으며, 생수 제조기에 은의 살균 효과를 이용하여 **멸균** 정수하

#10 그들이 말하는 이야기

는 데 사용을 하고 있다. 몸에 **면역력**을 **증강**하는데 작용하고 있다. 은(silver)은 처방에 의하여 복용하거나 환부에 바르면 여드름, 매독, 무좀, 습진, 화상, 질염 등에 대하여 **치료 효과**를 줄 수 있다.

동의보감
#참조 https://blog.naver.com/syldream0116/221464942449

 조선 시대 의관인 허준이 1596년 편찬한 의서 **'동의보감'**에서 "금은 정신을 맑게 하고 경기와 간질병을 진정시키고 혈맥을 조절하는 기능이 있다." 고 적혀 있다.

심신 안정 : 정신을 **안정**시키고, 마음을 **편안**하게 해 주며, 오장의 불편함을 사라지게 하며, 어린이의 경기를 낫게 한다. **심장, 간장, 신장** 등에 작용하여 심기를 가라앉히고 신장을 자양 한다고 한다.

해독 기능 : 마음을 **진정**시키고 정신을 안정시키며 **해독**을 하는 효능이 있고, **간질, 두근거림,** 소아 **경기** 등을 치료하고 외용으로는 종기를 터뜨리고 종기의 뿌리를 뽑는다고 알려져 있으며, **대하**와 같은 **부인병** 예방 및 치료에 좋다. 그리고 **관절염**, 신경통 등에도 유효하다고 한다.

 특히, **유독성 물질**을 체내 밖으로 **배출**시키는(**중금속 배출**) 해독작용 그리고 **피부 정화** 작용 능력이 있어 피부병에도 유효함을 말하고 있다.

요약 : 마음을 **진정**시키고 정신을 안정시키며, **해독**하는 효능이 있고, 그 밖에 관절염, 신경통 등에도 효능이 있으며, 특히 유독성 물질을 체내 밖으로 **배출**시키는 해독작용, 그리고 **피부 정화** 작용에 좋다.

넌, 누구니?

 그리고 "**본초강목**"에서도 같은 내용의 글이 나와 있다. 대표적인 이야기로는 **피부 정화** 작용, **신경안정** 작용, **면역력** 강화, **관절염** 통증제거, 생체 **순환 활성화** 등 금이 인체에 좋은 효과를 주고 있다고 전해진다.

이처럼 한의학에서는 오랜 시간 동안 연구를 하며, 고서 및 실제 왕실에서 사용했던 기록 등으로 알 수 있다.

서양의학

 결핵의 원인인 **간균** 증식을 **억제**하는 효능을 가지고 있으며, 류마티스성 **관절염 치료**법에도 적용했다.
#독일 의사 / 세균학자 로베르트 코흐 (노벨 생리학*의학상 수상자)

 은은 우리가 가지고 있는 가장 우수하고 보편적인 **살균제**이다. 인체 치료에 안전하면서 강한 산 균제 역할을 한다. 미생물의 호흡 효소를 은이 **무력화**시켜 그 결과로 **미생물**이 죽는다.

#10 그들이 말하는 이야기

#세인츠 루이스의 해리 마크 라프(Harry Margraf) 박사

  은이온수는 **안과 치료**에 가장 효과가 있으며, 특히 임질성 안염, 유아의 화농성 안염, 각막 궤양 및 하이포 피언(Hapopyon), 궤양, 챔버 및 간질적인 각막염, 안검염, 화상 및 기타 각막질환에 효과가 있다.
#레기로(A. Legge Roe) : British Medical Journal, 1915

  은이온이 **뼈**의 **성장**을 촉진하고 **세포 재생**을 돕는다는 것을 발견하였으며, 실험을 통해 거의 모든 **병균**이 독성이나 부작용 없이 **살균**되는 것을 확인하였고, 암에 대한 인체 **면역력**을 증강한다고 이야기하였으며, 인체와 성장 **발육**과 세포 **재생**을 도와 화상 환자나 나이 많은 환자들의 치료에 있어 일반인들보다 더 뛰어난 효과가 있다고 연구하였고, 은이 암세포가 일반세포로 전이하는 것을 돕는다고 하였다.
#로버트 베커 박사(Robert O.Beeker, MD) "인체와 전기" 저자

  암은 산소의 결핍과 설탕의 분해 과정에 기인하고, 그 과정에서 필요한 **박테리아**를 은이 **살균**한다.
#오트 와버그(Dr. Otto Warberg)(노벨 의학상 수상자)

  은을 이용하여 치료하였는데, **구강염**과 **설사**를 일으키는 일종의 **열대병**, 이질 및 **복통**의 경우에 매우 높은 **효과**를 보았다.
#제임스 캔들 리(James Cantlie) 경 의사 / 물리학자

  살균(소독)제에 대한 표준적인 항균성을 시험하여 은이온수를 시험하였는데, 연쇄상구균 화농, 포도상구균, 아우레우스, 나이세리아 임질균, 가드러넬라 배지널리스, 살모넬라 타이피, 기타 장균들 및 칸디다 알비칸스, 앰퍼퍼의 진균류들은 **항균** 작용을 나타 냈다.
#래리 포드(Larry C. Ford M.D) 건강과학연구소 및 UCLA대학 산부인과 의학박사

넌, 누구니?

 은도금을 이용한 섬유가 **박테리아** 세균수를 **감소**시키고, 은을 사용한 붕대의 경우 일반보다 **피부 재생**의 속도가 빨라지는 것을 확인할 수 있다. 일본에서는 항균 제품으로 의류 및 양말 시장도 발달 하였으며, 보건청에서 그 항균성을 공인받았다. 외과, 부인과 산부인과 발표와 비교한 실험을 통해 **세균**의 번식을 **억제**하는 예를 보여 주며, 은이온이 전기 파장에 활동을 통해 상처 부위로 전달된다.
#코넬대학/뉴욕대학/도카이대학/뉴욕대학 등 연구

 이렇게 은이 가지고 있는 성질은 **병원체**를 죽이며 **살균**을 하는 것 이외에도 **손상**된 조직을 **회복**시킬 수 있는 능력이 있다는 것이 여러 자료에 의해 밝혀져 있으며, 은이 가지고 있는 **미생물**에 대한 저항력이 높고, 이제까지 알려진 항생 물질 중에서도 가장 **우수한 효능**을 가지고 있다는 것이 **의학적**으로 **입증**이 되었다.

 이렇게 금에 대한 은에 대한 이야기를 적으면서, 처음에는 신경을

#10 그들이 말하는 이야기

쓰지 않았던 내 가족이 하고 있는 액세서리도 내가 하고 있는 액세서리도 조금은 더 신경을 쓰면서 구매를 하고 착용을 해야 할 것 같다는 생각이 든다. 그리고 내 주변에 있는 사람들에게도 자신의 건강을 외부적으로 알 수 있는 방법으로 아름다움을 표현할 수 있는 귀금속을 사용 할 수 있도록 이야기를 해보면 좋을 것 같다.

넌, 누구니?

어린아이부터 어른이 되기까지

금테 두른 여자

#11 이야기의 시작

시작은 그렇게 되었다.

처음 고민을 했던 것은 내 딸아이가 태어나서부터였다.

사랑스러운 **딸**아이를 보면서 하루하루 정말 **행복**한 순간이었다. 그렇게 시간이 흐른 뒤, 여느 때와 똑같이 일을 마치고 집에 돌아와 보니, 아이는 목욕을 하기 위해 준비를 하고 있었다. 반갑게 인사를 하고 나도 손을 씻기 위해 또 다른 화장실로 들어가 손을 씻은 후 옷을

넌, 누구니?

갈아입고 거실에 앉아 있었다.

목욕탕 쪽에서는 무엇이 그렇게 재미있는지 웃는 소리가 들리고, 한참을 **엄마와 함께** 아이는 장난을 치며 물놀이를 하는 것 같았다. 이제 어느새 성장해서 몸무게도 많이 나가고 한 번씩 목욕하고 나면, 엄마는 진이 빠져 힘들어 하는 모습이 문득 생각이 났다. "내가 가서 도와줄까?" 하고 생각난 뒤 바로 **목욕탕**으로 몸을 옮겨 이동하였다.

목욕탕 문을 열고 들어가니 딸아이는 반가운 듯 "**안녕**" 하며 인사를 건네고, "같이 물놀이 할까?" 라며, 즐거워했다. 즐거워하고 있는 딸과 함께 조금 놀아 주면서 몸에 거품을 묻히고, 샤워를 시켜 주었다. 몸 구석구석 물을 뿌리며, 즐거워하는 아이의 이쁜 모습을 눈으로 담고 있었다. 그러다 **생식기** 주변으로 유난히 **붉게** 올라온 모습을 보게 되었다.

무엇인지 궁금함에 옆에 있는 **아내**에게 물어보았다. "원래 이렇게 붉게 부어 올라와 있는 거야?"라며 궁금함에 이야기하니, 아기 때부터

#11 이야기의 시작

이렇게 붉게 나타나는 경우가 많은데, 기저귀를 오랜 시간 착용을 하고 있거나, **나쁜 균**이 그곳에서 있기 때문에 **건조**하거나 **따가운** 경우는 있지만, 많이 아프지는 않으니 그래서 **더 깨끗이 씻겨** 주고 있는 거라고 하였다.

 그렇게 깨끗이 몸을 씻긴 후 수건을 이용하여 온몸을 닦아주며, 말려 주었다. 이내 겉옷을 입혀 주니, 장난감이 있는 곳으로 뛰어가 상황극 놀이를 하며 아내와 함께 놀기 시작했다.

 나도 다시 거실에 앉아 티브이를 보느라 소파에 몸을 기대어 리모컨을 쥐고 있었다. 티브이 속 화면은 계속 바뀌어 가고, 리모컨의 채널 버튼은 계속 눌려 가는데 **머릿속에선** 아까 그 **붉은 모습**이 벗어나지 않고, 이미 내 머릿속에는 **궁금증**으로 인해 복잡해져 있었다. 슬며시 호주머니에 있는 휴대폰을 꺼내어 **검색**하기 시작했다.

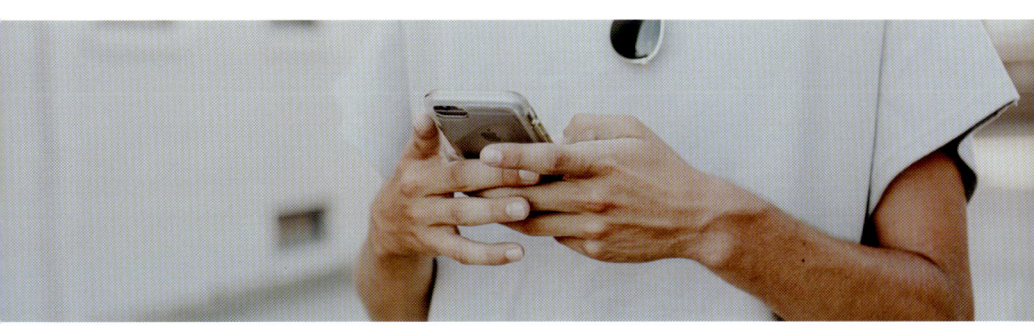

 어떤 것들이 이렇게 내 아이를 괴롭히는 것인지 **궁금**하여 관련된 **모습**이나 증상을 가지고 하나씩 하나씩 검색을 하였다. **균들로부터** 나오는 여러 형태의 반응 증상들 그리고 아이들이 이와 관련되어 병원을 많이 방문하여 치료를 받으며 지내고 있고, 그 아이들의 사진들을 보니 너무 **슬퍼졌다.**

넌, 누구니?

우리 아이도 이렇게 될 수 있다는 생각에 **겁**이 나기 시작했다. 그래서 **아내**와 함께 **이야기**하였고, 아내가 젊었을 때부터 **겪고 있던** 이야기를 들을 수 있었다. (#0 어느새 다가온 녀석, #1 왜 나에게 찾아온 거니 참조)

"그럼 어떻게 해서 **이 녀석(균)**을 없앨 수 있을까?"라는 생각에 내가 지금 하고 있는 **세공**과 관련하여 해결할 수 있을 거 같다는 생각이 머리를 스쳐 지나갔다. (#8 생활 속에서 발견 참조) 그래서 실험 아닌 실험이 시작하게 되었다. 그냥 두었을 때 **반응**이 나타나지만, 이는 서로 **마찰**을 일으켜 **열**을 내면서 반응이 확실히 일어나는 것을 확인하고 그 모습을 만들 수 있을 것 같았다.

#12 무엇일까?

그냥 내가 알고 있는 **정보**를 가지고 무턱대고 만들어 보기로 했다. 항상 그렇게 했듯이 해보지 않으면 되지 않으니 정보를 **하나씩** 모으기 시작했다. **서양의학**과 **동양의학**에서 찾아보니 **증명**된 이야기들이 나와 있었다. (#10 그들이 말하는 이야기 참조) 그래서 더욱더 확인하고자 국내외

#12 무엇일까?

논문들부터 찾아보기 시작하였다. 그리고 **특허** 사이트에 내가 **생각**했던 것과 같은 모습을 가지고 있는 것이 있는지? 비슷하게 생각하고 있는 모습들을 하나씩 찾아서 모두 읽어 보았다. 하지만 내가 생각했던 모습은 보이지 않았고, "그럼 내가 한번 해볼까?"라며 시작해 보았다.

이렇게 가장 중요한 제품의 형태를 잡는 것을 **구상**하기 시작하였다. **새로운 제품**을 만들어 사용할 때 따로 해야 하는 것이 아니라, **일상생활**에서 **평소** 입고 있는 **속옷**에 이것을 추가할 수 없을까? 라고 생각했다. 그리고 일상생활에서 평소에 사용하는 것을 그대로 **유지**를 하였으면 좋겠다고 생각하였다. 그렇기 때문에 무엇보다 착용이 되는 부위는 **곡선**이 필요한 **인체공학**적인 디자인이어야 사용할 때 아무런 불편함이 없으리라 생각하였다.

그렇게 해서 **속옷 안**에 그대로 담기 위해 만들어보기 시작하였고, **시행착오**를 거쳐 단순한 모습으로 시작하여, 실제 착용했을 때 걸어 내

넌, 누구니?

야 할 것들, 밀착하였을 때 느껴지는 것들 등 머릿속에는 이것 이외 생각할 겨를 없이 만들어 보았다. 이내 **투박한 모습**은 **고급스러운** 귀금속 팔찌와 같은 느낌처럼 변하고 속옷과 함께 연결되어 완성된 모습은 언제든지 **편안하게** 착용할 수 있는 속옷으로 탄생하였다. 이제 **내 아내**에게 줄 수 있다는 **생각**에 빨리 전해 주고 싶었다.

이렇게 만들어진 **속옷**을 그냥 줄 수 없으니, 집에 가기 전에 포장 상자를 하나 구매하여, 그 안에 만들어진 속옷을 **이쁘게 접어** 넣어 종이 가방에 담았다. 입어 보고 어떤 이야기를 할지 정말 궁금함에 집으로 발걸음을 옮겼다. 집에 도착하여 멋쩍은 **웃음**을 지으며 아내에게 선물 상자를 내밀었고 너무나 환한 미소로 가방을 받아 방으로 들어갔다. 그리고 며칠이 지나 아내가 내게 다가와 "정말 신기하다"라며, "어떻게 계속 팬티가 젖어 있지 않고 뽀송뽀송한 거야?", "냄새도 나지 않아?!"라고 물으며, 자랑스럽게 심지어 **며칠 동안** 갈아입지 않고 있다고 웃으며 이야기하였다.

확실한 효과를 줄 수 있겠다는 생각에 그 기능이 맞는지 우선 **정확한 판단**이 있어야 했다. 그 판단은 내가 할 수 있는 것이 아니라 **전문적인 소견**이 필요하다고 생각이 들어 확인을 할 수 있는 **방법**을 찾기 시작하였다.

시험연구소에서는 더욱 확실한 검사를 할 수 있다는 것을 확인하여 전화하였다. **상황설명**부터 필요한 정보를 얻기 위해 **몇 시간 동안** 전화기를 붙잡고 이야기를 했는지 모르겠다. 처음 해야 할 일이기 때문에 더욱더 **신중하고 확실하게** 해야 하였고 모두 필요한 일들이었다.

시험 검사를 하기 위해 만들어진 형태가 아니어도 괜찮다는 이야기를 듣고 필요한 양의 **원재료**를 전달하여 검사를 **의뢰**하였다. 각각 **연구소**에서는 검사를 할 수 있는 **영역**이 있었고, 겹치더라도 크로스 체

#12 무엇일까?

크도 필요하기에 3곳을 통하여 확인하기로 하였다.

 필수적인 사항으로 균들이 계속 살지 못하고 억제되어 **소멸**이 되는지에 대한 확인과 **암모니아 냄새**로부터 **탈취**가 제대로 이루어져 냄새가 더 이상 나지 않는지 그리고 **음이온** 및 **원적외선**이 **방출**되어 **뽀송뽀송함**을 유지시키고 균 **재생**을 더 이상 살 수 없는 **환경**을 만들어 줄 수 있는지를 알고 싶었다.
(아래와 같이 각 검사소에 의뢰하여 확인하였다.)

한국 의류 시험연구소에서는 항균 검사
한국 원적외선 협회에서는 탈취
한국 건설 생활 환경 시험연구소에서는 음이온 방출 / 원적외선 방사

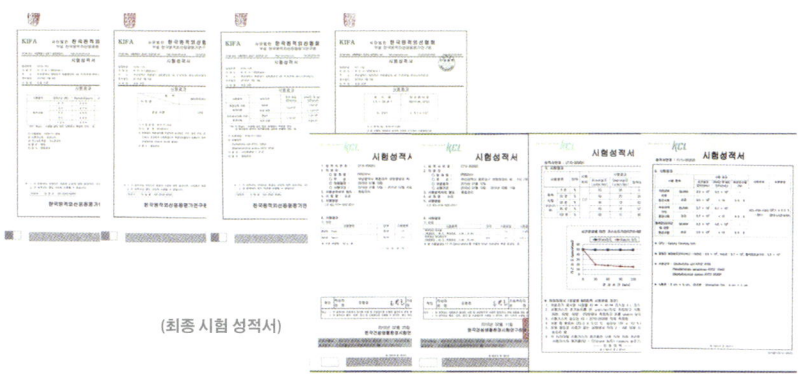

(최종 시험 성적서)

넌, 누구니?

시험 검사가 나오고 제품에 대한 확신이 더욱더 들었다!! **확실한 결과였다!!**

이제는 **착용**하여 실제 **어떤지 이야기**를 듣고 싶었다!! 너무나 **궁금**하여 제일 먼저 테스트를 해주었던 아내의 추천으로 몇 명 더 확인을 하였다. 조건으로는 옆에서 계속 확인을 할 수 있으며, 실제로 **병원**에 다니기도 하고, 계속 **관리**를 하고 있었지만 더 이상 진전이 없는 상황이 제품을 확인할 수 있는 최적의 상황이라 생각되었다.

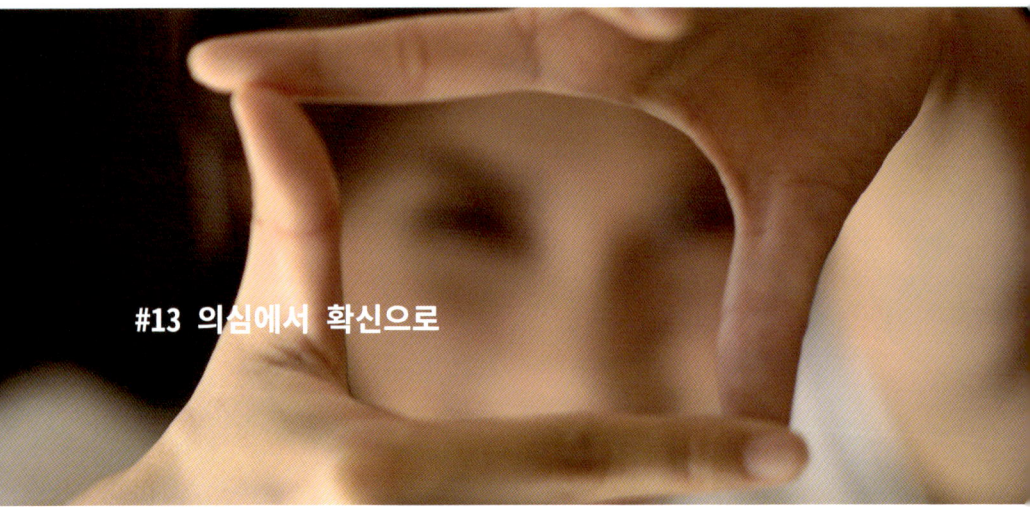

#13 의심에서 확신으로

평생 세공사로 지내오던 나에게 이렇게 시작된 또 다른 **나의 일상**이 시작되었다.

시험성적서를 통해서 효과를 낼 수 있다는 것은 이제 **의심**을 할 수 있는 것은 없어졌다. 정확히 **유해균**을 **제거**해주었으며, 필요한 **유익균**은 생활을 할 수 있도록 환경을 **유지**해주고 시큼하거나 비린 냄새와 **분**

#13 의심에서 확신으로

비물까지 다 사라지게 만들어 주었다.

 이제는 내가 필요에 의해서 이해할 수 있는 것이 아니라, **주변 사람들에게** 이야기하다 보면 그 사람들이 궁금해하는 이야기를 **확실하게** 대답을 해줄 수 있는 것이 필요하다고 **느껴지기** 시작했고, 새롭게 시작된 **공부**가 또 **시작**되었다. 내가 잘못된 정보를 알고 전달해준다면 정말 큰일이 될 수 있기 때문이다.

 그래야지 더욱 더 확실히 주변 사람들에게 속옷이 가져다주는 **삶의 질** 변화에 관해 이야기를 해주며 **추천**하고, 고민을 듣고 단순히 속옷만 착용하는 것이 아니라 **지속해서** 함께 할 수 있는 것까지 **관리**해야 하는 부분을 전달해 줄 수 있었다.

 이제는 만들어진 속옷에 대해 실제 **착용**을 하고 효과를 보고 있는 사람들이 점점 생기면서 속옷에 대한 확실한 **믿음**이 생겨 더 자신 있게 주변 사람들에게 이야기할 수 있게 되었다.

넌, 누구니?

(실제 제작된 속옷)

 더 깊게 빠져들면서, **왜 질염이란** 것은 생기게 될까 라는 근본을 고민하게 되었다. 그 고민은 끊임없이 전해 들은 많은 이야기로부터 **해결**하기 위해 **노력**을 하였고, 전해 들은 이야기들을 과학적 근거라는 퍼즐에 맞춰서 하나씩 하나씩 풀어나가며 의심을 확신으로 바꿀 수 있게 되었다.

 포유류는 **4족 보행**으로 다니면서 생식기 또한 오픈되어 활동하면서 **습하거나** 막혀 있지 않고 **통풍**이 잘되어 근본적인 관리를 할 수 있다.

 반면, **인간**은 **직립보행**을 하면서부터 오픈되지 않고 안으로 **숨겨지기** 시작하였고, 의류를 착용하게 되면서 항상 **가려져** 습하게 되며, 항문과 요도가 통풍이 원활하지 않아 **유해균 활동**을 하기 너무나 좋은 환경으로 만들어져 질염이라는 병이 생기는 근본적인 **원인**이 되는 것이라 한다.

#14 궁금함에 찾아왔던 그들

#14 궁금함에 찾아왔던 그들

궁금함을 참지 못하고 찾아왔던 그들
그 사람들의 이야기

interviewee : 30 age

  저는 **민감**하지도 **둔하지** 않지만, **냄새**가 나는 것을 당연하다고 알고 있었고, 때로는 **가려움**으로 **불편**하였지만, 그냥 놔두었고, **몇 년** 사이에 고민이 많았습니다. 누구에게나 민감한 부위인 그곳에 병으로 **병원**에 가려고 하니 가기 꺼려지고 부끄러웠습니다. 다른 사람들도 **나이가 들면** 그렇겠지, 다들 겪는 거고 비슷한 **증상**이 있을 것으로 생각하고 그냥 **방치**하였습니다.

  방치하다 보면 어느새 괜찮아져서 잘 지내다가도 다시 **불편**해지고 **반복**으로 나타났습니다. 남편과 **잠자리**를 가지려고 할 때마다 괜히 **냄새**가 나지 않을까 하고 괜히 **혼자** 불편해 눈치를 보곤 했습니다. **수면**

넌, 누구니?

을 하기 위해 누워 있으면 너무나 불편하고 가려 우기까지 하여 잠도 잘 자지 못하였습니다.

　임시방편으로 가까운 **약국**에 가서 **세정제**를 구매하여 사용해 보았으나, 사용을 하면 **잠깐** 냄새도 가려움도 사라져 괜찮아 보였지만, 시간이 지나면 금방 냄새도 다시 올라오고 잘 때는 가려움이 **심해졌습니다**. 그래서 어쩔 수 없이 가고 싶지 않지만, **병원**을 **방문**하여 검사를 받고 약을 **처방**받아 **복용**하였지만 **잠깐** 줄어들기는 하지만, 전혀 나아지지 않았습니다.

　이것 때문에 **스트레스**를 받아 항상 머리도 아프고 다른 것도 못 하고 계속 신경 쓰여서 고민이었습니다.

　그래서 인터넷에 같은 고민을 하는 사람들은 무엇을 할까 하고 찾아보다가, **금 팬티**라는 것을 알게 되었습니다. 처음에는 그냥 웃으며 재미로 내용을 보게 되었는데 이게 정말 가능한지 싶어서 **전화**해서 이것저것 물어보았습니다. 병원에서도 차마 물어보지 못했던 **궁금증**을 모두 다 **이야기**를 하였는데, 하나도 놓치지 않고 전부 **대답**을 해주었습니다.

#14 궁금함에 찾아왔던 그들

이제는 **실물**이 보고 싶어서 매장에 직접 찾아가도 되는지 물어보고 멀지 않은 거리이기에 바로 **매장**으로 가서 실제 **속옷**을 만져보고 구경을 하면서 또 이것저것 물어보았습니다. 궁금한 것이 해소가 되니 여기까지 왔는데 가격이 부담스러워도 **밑져야 본전**이라는 생각을 하고 **구매**를 해보았습니다.

일반 속옷과 다르다고 생각했던 것은 입자마자 잘못 알고 있다는 것을 알게 되었고, 정말 일반 속옷과 똑같은 느낌으로 생활하는 것에 전혀 **문제**가 없었습니다. 그리고 **하루**가 지나니 거짓말같이 가려워서 매일 신경 쓰였던 것이 없어지고, 샤워를 하기 위해 벗어 두었던 속옷은 그전에 났던 비린 냄새는 줄어 **뽀송뽀송**한 느낌이었습니다. 그리고 항상 저녁에 가려움이 제일 심했던 것은 속옷을 입으니 **신경 쓰지 않고** 잘 수 있는 **밤**이 되었습니다.

저와 **같은 고민**을 가지고 있는 분들은 정말 정말 병원도 좋지만, 주변 사람들과도 이야기를 하고, 많이 찾아보신 후 **자신에게 맞는** 방법을 해보신다면 **일상생활**에서는 더는 불편함을 느끼거나, 매일 신경을 쓰지는 것이 없어지실 거예요!!

---

interviewee : 40 age

평소에도 항상 **몸에 붙는 옷**을 좋아해서 레깅스나 **청바지**를 자주 입고 다녀서인지 집에 돌아와서 옷을 갈아입을 때 보면 **냄새**도 나고 **가려움**이 있었습니다. 그럴 때마다 **병원**을 방문하여 **검사**를 받고 처방을 받아 **약**을 구매하고 **반복**적인 생활을 하였습니다. 병원에서는 **통풍**이 잘 되는 옷으로 입어야 한다고 하고, **씻은 후** 잘 말려야 한다고 이야기하였습니다.

넌, 누구니?

 친구들을 만날 때에도 항상 예쁘게 입고 싶어 꾸미며 나가는데 이것 때문에 혼자 **펑퍼짐한 옷**을 입고 다닌다는 게 정말 싫었습니다. 그래서 그런지 **재발**하여 항상 **냄새**와 **가려움**으로 병원에 매달 **출석**을 하듯이 다니게 된 것 같습니다.

 하지만 병원에 갈 때 **잠시** 괜찮아지지만 계속 이렇게 지낼 수 없다는 생각 들어 주변에서 들었던 **민간요법**부터 여러 가지 이야기를 검색하여 찾기 시작하였습니다. 그러던 중에 지인에게 **금 팬티**라는 것을 알게 되었습니다.

 처음에는 이게 왜 이리 가격이 높은지 **놀랐었고**, 정말 **효과**가 있을까라는 의구심이 들었습니다. 일단 **궁금함**에 전화를 걸어 물어보았습니다. 평소에 어디에서든 잘 물어보지 못하는 성격이지만 도저히 이대로는 계속 지내고 싶지 않아 궁금한 것들을 모두 다 물어보았는데, 내가 필요로 하는 내용까지 모두 이야기를 해주었습니다. 하지만 제일 큰 문제는 **가격** 측면의 **부담감**이었습니다. 일단 전화를 끊고 고민을 해보았습니다.

 병원에 매번 다니면서 검사를 받으며, **진료비**와 처방받은 **약**을 구매

#14 궁금함에 찾아왔던 그들

하는 **비용**, 갈 때마다 **교통비**와 **시간**까지 생각해보면 지금이 더 많은 돈을 쓰고 있지 않을까 생각하고, 바로 **인터넷**으로 구매를 하였습니다. 그리고 제일 끌렸던 것은, 실제 금과 은이 들어가 있어서, 사용을 하다가 **반납**을 하게 되면 **보상**을 해준다는 것 때문에 사용하다가 반납하면 될 거라고 생각하였습니다.

속옷을 **배송**받아 이게 진짜 효과가 있을까 하고 **걱정** 반 **기대** 반으로 착용을 해보았습니다. 중간에 금과 은이 줄처럼 되어 있어서 **불편**하지 않을까 했던 것은, 입어보니 아무런 불편한 것도 **없고**, 있는지 없는지 알 수 없을 만큼 **편안**하게 **착용**할 수 있었습니다.

설렘으로 하루가 지나고 이틀이 지나고 삼 일째 정말 신기하게 착용하고 있으니 가려운 것이 점점 줄어 지금은 신경을 쓸 일도 없고, 화장실에서 잠깐 벗어 확인을 해보면, **분비물**도 거의 없고 **냄새**도 많이 **줄어** 있어 놀랬습니다. 매일매일 냄새나고 가려워서 샤워를 했던 것이 이제는 **2일**에 한 번씩 **샤워**를 하여도 괜찮아지고 속옷도 며칠을 입어도 똑같았습니다.

처음에는 한 개를 구매하여 입기 시작하였지만, 지금은 **추가**로 더 **구매**해서 이것만 갈아**입고** 지내고 있습니다. 그만큼 **편안**하고 **효과**도 좋은 것은 입어 보시는 분만 알 거예요.

누군가 저와 비슷한 **증상**으로 고민하고 있다면, 구매하지 않더라도 **전화**해서 물어보세요. **궁금**한 것들을 모두 다 이야기해주실 거예요. 그것만으로도 **큰 도움**이 된답니다.

---

interviewee : 50 age

넌, 누구니?

활동하는 것을 너무 좋아해서 꾸준히 **등산**을 하고 **운동**을 통해 건강을 지키고 있습니다. 그런데 어느 순간부터 그곳에서 갑자기 냉이 많이 나오기 시작하고 **냄새**도 심하게 나기 시작하였습니다. 운동을 하다가 **스멀스멀** 냄새가 올라오고 해서 중단을 하고 집에 가기도 하였습니다. 그 이후부터는 사람들이 많이 있는 곳이나 지인들을 만나는 자리에도 잘 나가지 않고, **약속**이 있어 못 간다고 피하기 시작하였습니다.

냄새가 나기 시작하면서 **치마**와 **짧은 바지**는 입지 못하고 꺼려지기 시작하였습니다. 그래서 이제는 더 이상 되지 않을 것 같아서 **병원**에 방문을 해서 검사를 하니 **질염**으로 판명이 나고, **처방**을 받아 약을 구매한 후 복용을 하면서 **반복적인 생활**을 하였습니다.

하지만 **잠시** 냉이 **줄고** 냄새도 같이 줄었다가 다시 심해지고 **반복**을 하니 어쩔 수 없이 병원에 다니긴 했지만, 혼자서 도저히 **해결**할 수 없을 것 같아, **친구들**과 이야기를 하기 시작하였습니다. 그중에 나와 비슷하게 **고민**을 가지고 있는 친구가 있어서 여러 가지 물어보았고 어떤 것이든 해결할 수 있으면 해보고 싶었습니다. 그러던 중 또 다

#14 궁금함에 찾아왔던 그들

른 친구가 이야기를 듣고 자신이 사용하고 있다는 **속옷**에 관해 이야기를 해주고 이제는 병원에 다니지 않고 괜찮아졌다면서 말하였습니다. 그래서 더 자세히 확인을 하고 싶어 인터넷을 통해서 **금 팬티**에 대한 **정보**를 검색하였고, 궁금한 것은 전화를 하여 물었다. 물어보는 것마다 **대답**을 해주시며, 관련된 기사를 링크 보내 주셨다.

 더 이상 망설일 필요가 없다고 생각되어 딸에게 이야기해서 **구매**를 해달라고하였다. 며칠 뒤 딸아이의 이름으로 택배가 도착해서 꺼내어 바로 입어 보았다. 다른 느낌이 날까 싶었지만, 그냥 **편안한 팬티**를 입는 느낌이었다. 사실은 그 안에 들어 있는 것이 거슬리거나 할 것 같았는데, 실제 **착용**을 하니 그냥 몸이랑 붙어서 전혀 다른 느낌도 없고 움직이는 것이 문제가 없었다.

 처음 **착용**을 하였을 때는 사실 변화를 알지는 못했다. 그냥 평소처럼 입는 **팬티**라고 생각하고 입다 보니 **냄새**가 거의 나지 않고 있었다는 것을 눈치채지 못했다. 사실 냄새가 계속 심하게 났다면 알 수 있었지만, 안 나기 때문에 알지 못했던 것이다. 정말 신기했다. 그리고 **냉**이 많이 나왔던 것은 급속도로 **줄어들어** 흘러내리는 느낌도 없어지고, 나중에 팬티를 확인하여도 정말 조금 흘렀던 **흔적**이 있거나 거의 확인이 되지 않았다.

넌, 누구니?

부끄럽지만 제가 이렇게 **인터뷰**를 통해서 이야기를 할 수 있는 **이유**는 정말 저와 같은 **고민**을 하는 **여자**들이 많을 것이라 생각이 들어요. 그리고 누구에게도 쉽게 말할 수 없는 부분이고 그냥 놔두시는 분들이 많을 것 같은데 하루라도 빨리 자신에게 맞는 방법을 찾아 그 효과를 받아서 **스트레스**와 **고민**으로부터 **해방**이 되었으면 하는 바람이 크기 때문에 이렇게 말씀을 드릴 수 있어요.

그 방법이 맞다고 생각된다면 일단 해보세요. 하지 않고 이야기를 하시지 마세요. 한번 해보시면 저와 **같은 생각**이 드실 거예요. 그리고 가장 중요한 것은 몇 번 해보지 않고 **효과**가 없다고 **벗지 말고**, 계속 시도를 하면 효과가 있으니 꾸준히 **계속**하셔야 해요!

#15 삶의 질 향상

일상생활에서 작은 것 하나만 바뀌어도 **삶의 질이 향상**되어 **큰 변화**를 가져다준다고 한다. 그럼 과연 이 속옷을 입으면서부터 어떤 변화를 얻을 수 있는지를 **이야기**하고자 한다.

#15 삶의 질 향상

앞서 이야기했던 **금**과 **은**에 대해 **한의학**과 **서양학**에서 전달 드렸던 내용이 있을 것이다. 그래서 사람들이 제일 많이 접근하는 방법이 **금목걸이, 금반지, 은목걸이, 은반지** 등 외형적으로 **아름다움**을 나타내는 수단으로 쉽게 접하여 사용을 하게 된다. 하지만 이는 아름다움만 유지하기 위해서가 아니라 건강과 밀접 관계가 있다는 것을 아는 사람은 단순한 액세서리로 사용을 하지 않고 필요에 의한 **케어** 용도로 사용을 하게 된다.

단순히 금반지나 은반지를 착용하는 사람 중에는 **관절**에 효과가 있어 착용을 하는 사람도 많이 있을 것이다. 이는 옛날로부터 내려오는 **동의보감**에서도 해당 내용을 찾아볼 수 있으며, 어떻게 보면 귀금속 전문점에서 이야기하는 상술 중의 하나일 수도 있다.

그럼 앞서 이야기했던 좋은 기능을 다시 한번 요약을 하면서 그 이외에 어떤 것들이 더 있는지를 한번 보자. (#9 효과라는 또 다른 이야기 참조)

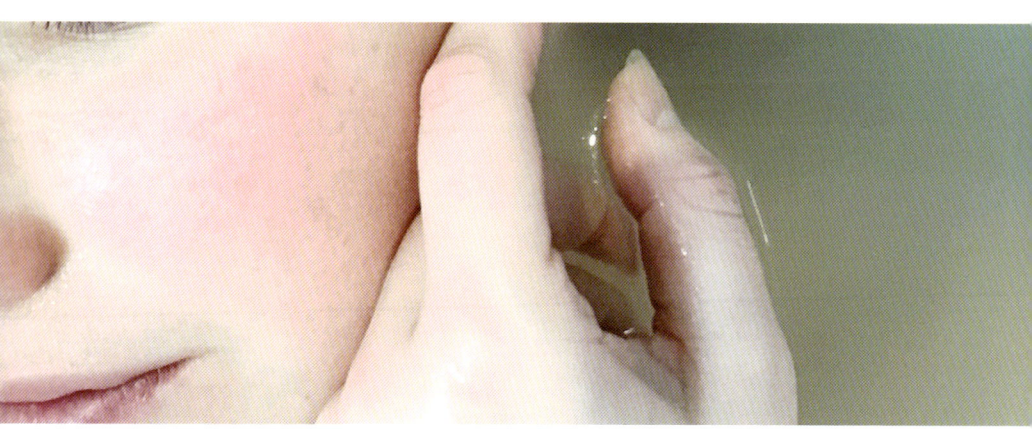

피부 탄력 증진 및 미백 효과 그리고 피부 재생

넌, 누구니?

금과 은이 피부에 접했을 때 **원적외선** 작용과 **음이온** 작용을 일으켜서 **주름 개선**을 해주며 **피부 탄력**을 개선을 해주며, 마찰이 되어 발생하는 열을 통해서 몸을 **따뜻**하게 해 주고 **혈액순환**을 원활하게 해주는 효과가 있다. 그리고 피부가 죽어 흑색이 되었던 부위는 **색소**를 **개선**하여 더욱더 본인의 피부톤으로 돌아갈 수 있도록 해준다고 한다.

이는 의료장비나 도구에서도 금과 은을 이용한 것들이 많다. **현대의학**을 보면 안과, 치과, 외과에서는 실제 **항균성**과 **살균**작용과 **소독**작용이 있어 감염 **예방**하는 등의 효과를 가져다주고, 수술 부위에 재생이 되는 속도를 더 빠르게 해 주기 때문에 도구로 많이 사용하고 있다.

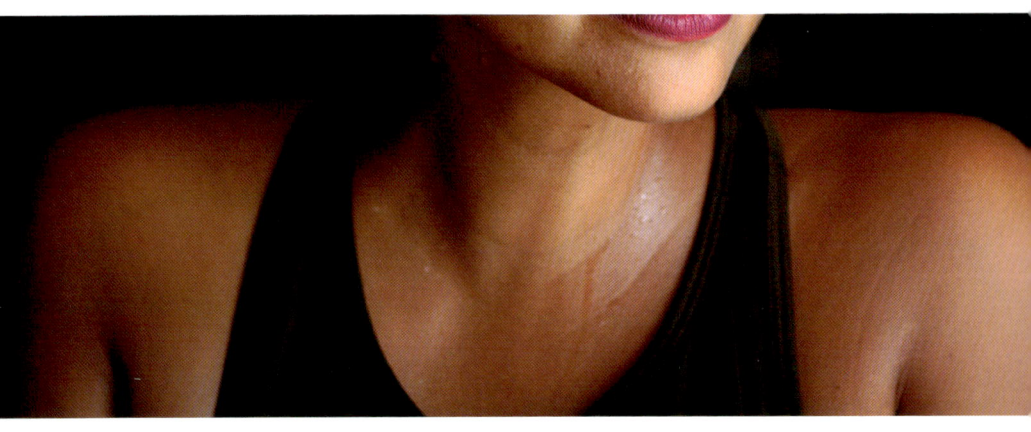

암모니아 탈취

땀이나 소변에서 **고약한 냄새**가 나는 경우 체내에서 요소로 전환되지 못한 **암모니아**가 섞여 배출되기 때문이며, 암모니아에 장기간 노출될 경우 피부 조직이 **손상**될 뿐만 아니라 **산성**을 **유지**해야 하는 질의 **환경**에 대비되는 **염기성**으로 인해 질 내 면역 환경에도 좋지 않다고 합

#15 삶의 질 향상

니다. (눈, 간, 신장, 피부조직 등의 손상)

특히, **질염**이나 **방광염**을 앓고 있을 경우 냄새가 더욱더 심하게 날 수 있으며, 하지만 금과 은이 가지고 있는 속성은 **항균 효과**를 가지고 있으며, 악취 냄새를 **탈취**해줄 수 있다. 이는 **암모니아 균**을 **살균**을 함으로써 균이 **제거**되어 냄새도 줄어들게 된다.

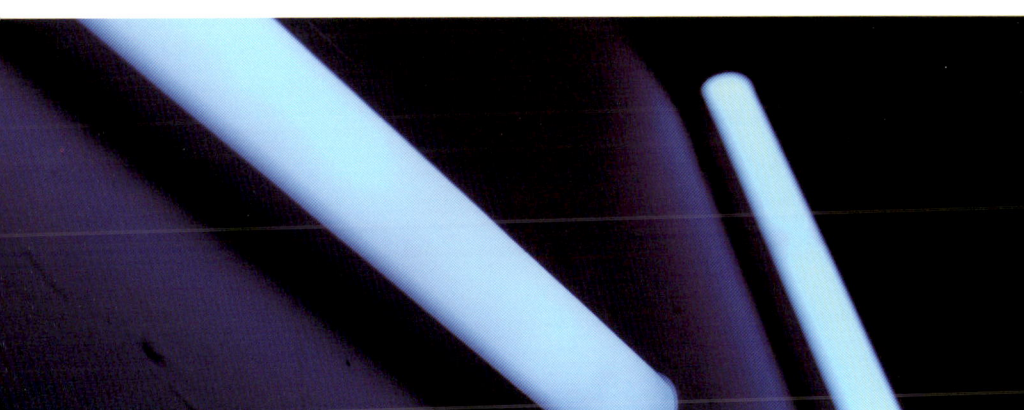

원적외선

열작용이 나타나는 전자파로 세포를 구성하는 수분과 단백질 분자에 닿으면 세포를 미세하게 흔들어 주어 **세포 조직**을 **활성화**해 줍니다. 이는 **미용 미백**에 **효과**가 있다고 널리 알려져 있습니다.

열작용으로 각종 질병의 원인이 되는 세균을 없애주고 **모세혈관**을 **확장**시켜 혈액순환과 **세포조직 생성**에 도움이 됩니다. 세포조직을 활성화하게 되면, 피부 **노화 방지**, **신진대사 촉진**, **만성피로** 등 체온이 1도 상승하면서 **면역력**은 5배 **상승**하게 됩니다.

넌, 누구니?

음이온

　음이온이 발생이 되면, **면역력**이 높아지고 체내 **독소 제거**에 도움이 됩니다. 혈액 중의 전자 농도가 증가 시켜 주며, 체내 **활성산소**의 활동을 **억제**해 줍니다. **노화 방지**하는 항산화 작용을 해주며, 혈액의 **ph 상승**에 도움이 됩니다. **불안감**이나 **긴장감**을 줄이고, 스트레스 호르몬이 덜 분비되는 환경을 제공함으로써 **스트레스** 압박을 줄여 줍니다.

　이렇듯 **다양한 효과**를 두고 있기 때문에 하나의 목적으로 **균**을 **제거**하여 예방하는 것이 아니라 **몸의 활동**을 원활하게 해 줄 수 있는 다양한 효과를 가지고 있기에 **자신**에게 **필요**로 하는 것을 참고하여, 사용을 할 수 있을 것이다.

　결국 자신의 신체 **관리**나 **치료**의 목적으로 **사용**하여도 되지만, 단순히 그것만으로 활용을 하지 않고, 일상 속옷으로 내면의 **아름다움**을 표현을 할 수 있는 것이 **부담**을 가지지 않고 다양하게 표현을 할 수 있는 선택이 될 것이다.

　<u>이제 자신의 모습을 **거울**에 비춰 바라보세요. 그럼 환하게 **웃고** 있는 당신의 **모습**이 보이실 거예요.</u>

함께하면 좋은 것

#16 내가 쓰고 있고, 내가 하지 말아야 하는 것들

어느 날

화장대에 있는 화장품과 향수를 보고,
"향수가 여러 가지 종류가 있네?"라고 아내에게 물었다.
그 말에 화장대로 다가와 한참을 바라보더니,
"아! 이거 이제 안 쓰는 거야!?" 라며 이야기를 하였다.
"그런데 왜 한참 생각을 하고 이야기하는 거야?"라고 물었고, 아내는
"아 그게..."라며 이야기를 시작하였다.

넌, 누구니?

 처음에는 무엇도 모르고 그냥 **좋다면** 구매하여 **사용**을 하였던, 청결제, 향수 등 아까워서 버리지 못하고 지금까지 놓아두었던 것이다. 이제는 어떻게 하는 것이 관리를 하는 것인지 잘 알고 있기 때문에 **특별한 것**을 사용하지 않더라도 기본적인 **습관**만 가지고 잘 **관리하고** 있다고 하였다.

 그럼 **아내**는 이전에는 **어떻게** 하였고, 지금은 **어떻게** 하고 있는지를 **정리**하여 보았다.

지금 하고 있는 행동

활동

… 외부에 나갈 때에는 몸에 딱 달라붙는 옷보다는 **치마나 폭이 넓은** 옷을 많이 입기

… 집안에서는 모든 것을 신경 쓰지 말고 **반바지** 같은 **통풍 잘되는 편안한 옷**을 입기

#16 내가 쓰고 있고, 내가 하지 말아야 하는 것들

… 집이라고 해서 너무 따뜻하게만 있지 말고 **선선한 온도**를 유지할 수 있도록 하기
(하복부 부위는 따듯하게 온도를 유지하는 것이 좋다)

… 화장실이나 샤워실 등 꾸준히 **청결 유지**되도록 **청소**해서 균이 머물 수 없도록 하기

음식
… 요리를 하되 **간단**한 요리의 음식을 주로 만들어 섭취하기

… 가장 좋은 건 원재료 그대로 모습의 **자연식**을 선택하기
(자연식은 하면 많은 비타민 영양소가 들어가 면역력도 증진시켜 줌)

… **화식**을 하더라도 **살짝** 굽거나 샤브샤브 형태로 먹기

… **기름진** 음식이나 **단** 음식을 최대한 **피하기**

…**밀가루**로 만들어진 면류나 라면 등은 최대한 먹지 **말기**

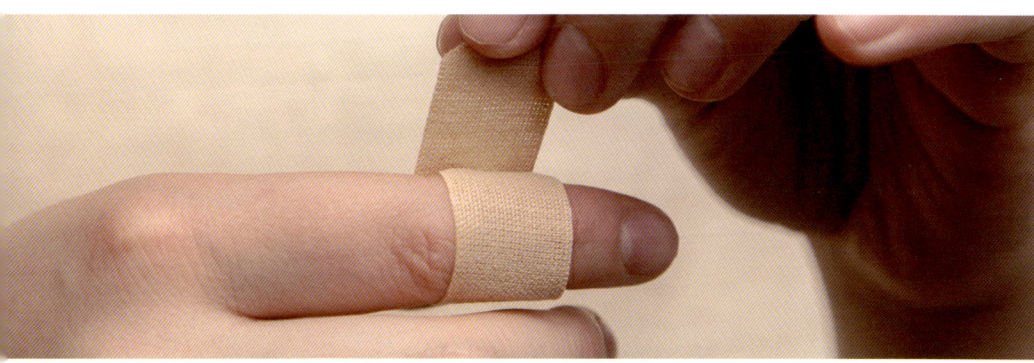

알고 나서 하지 않은 행동   (조절하고 있는 행동)

넌, 누구니?

청결제 : **일시적 사용**은 괜찮지만, 자주 사용하면 생식기가 **건조**해지며, 유익균도 사라져 좋지 않음

향수 : 요즘 Y존 향수도 있는데, 냄새를 **덮어 주는** 역할이지만, **다른 냄새**와 섞일 수 있으니 가능한 자제

유산균 : **꾸준히** 복용을 해주어야 하며, 몸 전체를 좋게 만들어 주는 역할을 하지만, 오랜 시간 동안 계속 먹어야 함

항생제 : 몸이 너무 좋지 않아 **일시적인 복용**은 괜찮지만, 질 안의 이로운 미생물을 없앨 수 있으니 좋지 않음

반신욕 : 뜨거운 물에 **오랜 시간** 동안 담그면 **좋지 않으며**, 높은 온도는 유해균이 활동하기 좋은 순간이 됨

축축한 옷 : 수영복이나 운동 후 **땀복**은 오래 입고 있으면 **균**이 **활동**하며 살기 좋은 환경을 가져다줌

PLEASE DO NOT TOUCH

가장 중요한 것은 **면역력**을 유지시키는 것입니다.

 불규칙한 **생활 패턴** 특히, **학생**의 경우 **야자**를 하거나 집에서 **늦게**까지 공부를 하는 것과 **직장인**의 경우 잦은 **야근**과 **회식** 등으로 몸의 밸런스를 무너뜨리게 된다. 그리고 잠자기 전에 **티브이**를 보거나 휴대폰을 보면서 깊은 잠을 자지 못하고 **얕은 잠**을 자면서 **수면 방해**를 받으면 몸이 계속 **피곤**하기에 **면역력**이 떨어지기 쉽다.

#17 요약 그리고 궁금함

#17 요약 그리고 궁금함

요약이 필요하겠지?!

지금까지 있었던 이야기를 화분에 물을 주듯이 계속 주기만 하여서 인지, 사람들과 이야기를 할 때 많이 나오는 **질문**에 대해 **정리**를 해주는 글이 있으면 좋을 것 같다고 생각하였다.

온라인에서는 정말 많은 정보와 이야기가 있지만, 내가 정말 알고 싶어 하는 내용이 **간추려서** 적힌 **글**은 찾기가 힘들다. 그래서 앞서 이야기했던 **경험**으로부터 들었던 **인터뷰** 내용과 국내외 **자료**를 통해서 찾았던 내용을 토대로 가장 많은 **질문**과 그 **답변**에 관해 이야기하고자 한다.

요약

여성의 감기라고도 불리는 **질염**은 이제는 너무나 쉽게 찾아오는 **염증**입니다.

넌, 누구니?

질, 자궁 등 여성의 건강의 핵심이라 불리는 곳으로 여성 **생식기**는 중요한 곳입니다. 질염은 **치료**와 **관리**를 꾸준히 하지 않는다면 **만성**으로 되며, 이는 질염으로부터 발생한 균이 활동을 하면서 **골반염**, **방광염** 등 다른 병을 함께 동반하여 발생이 될 수 있습니다.

궁금함

Q. 질염은 왜 걸리는 가요?

A. 질염은 특별한 병이기보다는, 코에 염증이 있으면 비염에 걸리듯이, 질에 **염증**이 생겨 나타나는 증세입니다. **성병**으로만 취급하거나 잘 씻지 않고 **더럽다고** 생각하여 이야기하는 것과 **다릅니다**. 질염 중에 가장 많이 걸린다는 **세균성** 질염의 경우 **면역력 저하**에 따른 발병이

#17 요약 그리고 궁금함

가장 많이 일어나고 있듯이 스트레스를 많이 받거나 수면을 제대로 하지 못하는 등 신체의 **밸런스**가 깨져서 나타나는 경우도 많이 있습니다. 질염 중에 성관계를 통해서 나타나는 균도 있지만, 전체적으로 몸의 **환경**을 꾸준히 **관리**하지 않은 것이 가장 큰 이유가 될 수 있습니다.

Q. 질염이 걸려도 그냥 놔둬도 괜찮은가요?

A. 질염에 나타나는 균은 **잠식**하고 있다가 몸이 좋지 않을 때 특히 반응이 많이 나타납니다. 그리고 **자연 치유**가 된다고 생각하시는 분들이 많으시지만, 실제 자연 치유가 되지 않으며, 꾸준한 몸 관리를 통해서 점점 **증상**이 **호전**이 될 수 있습니다. 그러나 **방치**를 하게 된다면 **만성** 질염으로 될 수 있으며, **세균**이 지속해서 **감염**을 일으킨 후 **자궁경부염, 자궁내막염, 자궁관염** 등 결국 **골반염**까지 진행될 수 있습니다.

Q. 만성 질염이 될 경우 암으로도 변할 수 있나요?

A. 질 내부에는 **미생물**들이 존재하는데 **유익균**(좋은)이 잘 **보호**하며 지내고 있습니다. 하지만 **만성** 질염이 되면서 유익균은 줄어들고 **유해균**(안 좋은)이 증가하면서 내부를 보호하고 있는 **세포**를 **손상**시키며 변형을 일으키는 작용을 하게 됩니다. 그렇게 되면 암의 원인이 되는 **인유두종 바이러스(HPV)**가 활동하기 좋은 환경을 만들게 되어, **감염**이 될 가능성이 생기게 됩니다. 그렇게 되면 암이 발생하여 유발될 수 있습니다. 만성 **염증**인 균들은 암을 유발하는 데 굉장히 중요한 역할을 하고 있어, 사전에 질염 **치료**와 **관리**를 통해 방치하지 않는 것이 좋습니다.

Q. 나이가 많아지면서 질염이 더 잘 걸리는 이유는 왜일까요?

넌, 누구니?

A. 여성은 나이가 들면 여성 **호르몬**의 하나인 **에스트로겐**이 점점 감소하게 되어, 질 내 **보호**하고 있는 **점막**이 약해져 평소에 나오는 정상적인 분비물이 감소하며, 내부가 점점 **건조**하도록 만들게 됩니다. 그래서 건조증으로 인한 불편감을 호소하는 분들이 많이 있으며, 건조한 내벽은 가벼운 자극에도 **염증**과 **출혈**이 발생할 수 있습니다. 그래서 갱년기 여성들은 해당 증상으로부터 **위축성 질염**의 증상으로 나타나는데, 얇아진 점막을 통해 세균들이 더 잘 침투하거나 하여, 약간의 **자극**에도 **부정 출혈**이 나타나게 됩니다.

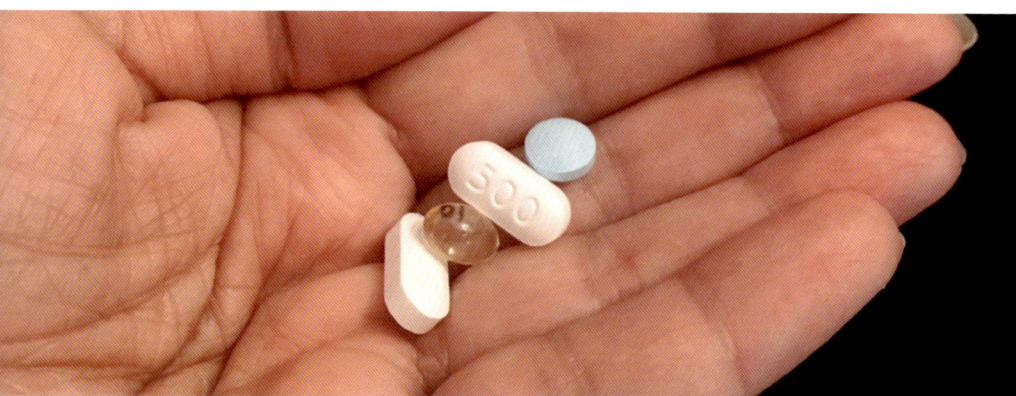

Q. 치료를 하기 위해 먹는 항생제가 영향이 있나요?

A. 보통 감기에 걸리면 **처방전**을 받아 약을 복용하게 됩니다. 처방받은 약을 보면 일반 **감기약**과 함께 **항생제**를 같이 넣어 주어 복용하는 경우가 있습니다. 이처럼 몸이 아프면 항생제도 같이 처방이 되는 경우가 있는데, **염증**을 치료하기 위해 항생제의 역할은 확실히 있으나, 체내에 들어온 항생제가 염증을 일으키는 **유해균**을 죽이는 것뿐만 아니라 **유익균**들도 함께 **죽이게** 됩니다. 이후 사라진 자리에 다시 유익균이 생성되어 자리 잡기까지 시간이 걸리기 때문에, 그사이에 유해균 **침입**이 발생할 수 있으니, 과다한 복용보다는 정말 **필요할 때**에 복

#17 요약 그리고 궁금함

용을 하는 것을 권장해 드리고 있습니다.

Q. 유산균을 왜 먹어야 하나요?

A. 사람의 건강에 이로운 작용을 하는 균으로, 몸 안의 **유해균** 증식을 **막아** 주는 역할을 합니다. 이는 **면역력**을 정상으로 만들어 주고, **피부 질환** 개선 및 **고혈압, 대사증후군 억제** 등이 **효과**가 있다고 알려져 있습니다. 이렇듯 유산균은 몸 안에서 꼭 필요한 균인데, 일반적으로 알려진 것은 **장 건강**에 도움이 된다고 알려져 있으며, 장과 마찬가지로 질에는 정상적인 활동을 하는 유산균이 대부분 차지하고 있어, 질 내에 생활하면서 **좋은 환경**을 만들어 주고 유해균을 침입을 막아 주는 역할을 하고 있습니다. 미생물들의 **균형**과 **산성도**를 조절해서 **항균, 항염, 항바이러스**의 기능을 **돕고** 있으며, 외부로부터 들어오는 **독소**나 **병원균**의 과증식 **억제**를 도와주고, 산성도 유지를 통하여서 질 내 염증을 막아주어서 **질 건강**에 도움이 될 수 있습니다. 일시적으로 먹는 것이 아닌 **꾸준**하게 **복용**을 해야지 효과를 얻을 수 있습니다.

Q. 질 세정(청결제) 사용은 괜찮은 걸까요?

A. 보통 **냄새**가 나거나 **분비물**로 인해 더러워졌다고 생각을 할 때에는 세정제와 청결제 사용을 많이 하게 됩니다. 그러나 이는 자주 사용할 경우 **유해균**뿐만 아니라 유익균인 **젖산균**까지 없앨 수 있기 때문에 질 내의 **미생물**들의 균형과 산도가 무너뜨리게 되어, 이에 따라서 질 **건조**가 되어 따갑거나 **불편함**을 가져올 수 있습니다. 그러면 유해균이 그 자리에 자리를 잡게 되어 점점 활동을 많이 하게 되고 **질염**에 걸릴 수 있는 환경을 만들게 됩니다. 세정제와 청결제를 사용할 경우 **산도**를 확인하시고, **주 1~2회** 정도가 적당한 사용이 될 수 있으니, 한번 더 확인하신 후 구매하여 사용하시길 권장해 드립니다.
(세정제의 경우 **의약품**으로 판매가 되기 때문에 **약국**에서 구매 시 확

넌, 누구니?

인하시기 바랍니다.)

Q. 질 건강을 관리를 해야 하는 이유는 무엇인가요?

A. 흔히들 많이 이야기를 하듯이 어느새 **감기**처럼 찾아와 나를 괴롭히고 가는 것이 **질염**이라고 합니다. 여성이라면 누구나 한번 이상 걸릴 수 있으며, 다시 재발하게 되는 경우 또한 매우 높습니다. 그리고 질염이 걸리게 되는 **경로**는 다양한 원인에 의해서 찾아올 수 있기 때문에, **예방**을 하기 위해 사전에 관리를 해야 합니다. 한번 걸리면 **일상생활**부터 모든 것이 불편해지기 시작하며, **스트레스**로 인해 다른 생활에도 영향을 줄 수 있습니다. 그런데 부끄러워 이야기를 하지 않고 혼자 고민을 하거나, 심각하지 않다고 생각하고 **방치**를 하게 되면 **만성**적인 질염을 **평생** 가지게 된다던가, **질염**보다 더 무서운 질병으로 커질 수 있기 때문에 **관리**가 매우 중요합니다.

#마치며

#마치며

 글을 적는다는 것은 정말 어려운 일이라는 것을 새삼스럽게 알게 된 계기인 것 같다. 그리고 가장 중요하게 생각하는 것은 사실을 전달해야 하는 것이기 때문에, 그에 맞는 정보를 찾아 올바르게 표현을 하여 글을 적는 과정이 가장 많은 시간을 투자하였던 것 같다.

 이 책에서 전달하고 싶어 하는 것은 단 한 가지이다.
대부분의 여성들이 알고도 부끄러워하거나 고정관념으로 만들어진 게 좋지 않은 병으로 분류를 하여 병원에 방문하기 꺼려지거나, 방치하여 고통에 시달리는 여성들이 이제는 이 글을 읽고 조금 더 쉽게 다가설 수 있으면 한다.

 글을 정리하는 데 많은 도움을 주신 모든 이에게 감사드립니다.

넌, 누구니?

#참고 문헌 및 사이트 정보

학회지 및 사전

서울대학교 병원 의학정보 지식백과 참조
대한 한방부인과 학회지 (2019~2021) 참조
건강소식 (2006) 참조
두산백과 참조
학생 백과
차병원 건강칼럼 참조
약학 용어사전 참조
간호학 대사전 참조
과학기술 지식 인프라 참조

도서 및 기사

환절기 재발 잦은 질염, 원인과 해결방법 (https://mdtoday.co.kr/news/view/1065605925271075)
여성의 감기 질염, 치료와 예방관리 필요 (https://www.rapportian.com/news/articleView.html?idxno=138
방치할 경우 다양한 합병증의 원인이 되는 질염, 치료는 어떻게? (https://www.ajunews.com/view/20150106112256247#PL2)
환절기 질염 주의보, 여성이 챙겨야 할 치료 방법 (http://www.mediafine.co.kr/news/articleView.html?idxno=11120)
여성질염 예방법과 가벼운 증상이라도 방치하면 합병증 유발돼 (http://www.businesskorea.co.kr/news/articleView.

#참고 문헌 및 사이트 정보

html?idxno=46631)

코로나블루로 칸디다성 질염 반복된 환자분 후기 (https://blog.naver.com/centralbjh/222512510386)

면역 떨어지면 걸리는'여성의 감기' 질염 (http://www.ksilbo.co.kr/news/articleView.html?idxno=457262)

질염 치료하는 방법 (https://blog.naver.com/gmlgus77/222638543089)

은나노 항균제 연구결과 발표자료 (https://blog.daum.net/shopnuri/6898598)

은이온수의 연구 논문 (https://blog.naver.com/wh0805/13052914)

건강 면세점 86화 (https://tv.naver.com/v/24627121)

인터뷰

울산 거주 30대 여성

경기도 거주 40대 여성

서울 거주 50대 여성

넌, 누구니?

저자

박민수

 유년 시절부터 시작한 세공 업은 지금까지도 평생 업으로 생각하며, 지내고 있다. 2008년부터 2010년까지 전국 귀금속 기능경기대회에 귀금속공예 직종으로 참가하여, 매년 입상을 수상하였다. <부울경뉴스 보도국장>, <해양환경연수원 교수>를 역임을 하였으며, 현재도 꾸준히 많은 활동을 하고 있다. 본지에서 언급되었던 기능성 속옷 특허를, 대한민국뿐만 아니라 일본, 중국에까지 출헌하였다.

#참고 문헌 및 사이트 정보

넌, 누구니

저자명 : 박민수
출간일 : 2022.03.30

출판사 : 힘찬 문서
주소 : 부산광역시 기장군 기장읍 차성동로45번길 7
기획 출판팀 : 051-747-8273
이메일 : debisha@naver.com

* 이 책은 본인의 서면 허락 없이는 어떠한 형태나 수단으로도 이 책의 내용을 이용하지 못합니다.
* 잘못된 책은 구매하신 곳에 연락하면, 바꾸어 드립니다.
* 책값은 뒤표지에 있습니다.

ISBN 정보 : 979-11-978224-1-4

넌, 누구니?